《中国榜样：永远的雷锋》大型丛书

编委会主任　冷　宽　王保安

承　诺

——与领导干部谈雷锋精神

高学敏　著

中国财政经济出版社

图书在版编目（CIP）数据

承诺：与领导干部谈雷锋精神/高学敏著．—北京：中国财政经济出版社，2013.2

（《中国榜样：永远的雷锋》大型丛书）

ISBN 978-7-5095-4279-8

Ⅰ.①承… Ⅱ.①高… Ⅲ.①雷锋精神-干部教育-学习参考资料 Ⅳ.①D64

中国版本图书馆CIP数据核字（2013）第027839号

责任编辑：张怡然 周桂元　　责任印制：张 健

封面设计：逸品文化　　版式设计：楠竹文化

中国财政经济出版社出版

URL：http：//www.cfeph.cn

E-mail：cfeph@cfeph.cn

社址：北京市海淀区阜成路甲28号 邮政编码：100142

营销中心电话：88190406 北京财经书店电话：64033436 84041336

北京富生印刷厂印刷 各地新华书店经销

710×1 000毫米 16开 13.5印张 183 000字

2013年3月第1版 2013年3月北京第1次印刷

印数：1—5000 定价：26.00元

ISBN 978-7-5095-4279-8/D·0223

（图书出现印装问题，本社负责调换）

本社质量投诉电话：010-88190744

《中国榜样：永远的雷锋》
大型丛书编委会

总　序

一个人无法选择自己所处的时代，但可以选择自己的人生道路。人所从事的职业可能要双向选择，而人生的态度完全由自己决定。雷锋，一个年轻的士兵，影响了几代人的成长，成为全国人民学习的榜样。50年来，学雷锋活动经久不息，这足以证明雷锋精神具有多么强大的渗透力和感染力。现在，几乎整个民族都在呼唤雷锋。面对社会上不尽如人意的现象，就是不情愿学习的人，也希望别人都学习雷锋了。更有人说，雷锋精神具有普世价值，是中华民族精神的集中代表，雷锋可做中国人的形象代言人。

在经过50年的学雷锋活动后，问起有关雷锋的事迹、雷锋精神的实质，仍有许多人不甚了了。这就促使雷锋的战友们、雷锋的传人们、长期坚持研究雷锋的学者们感叹不已。感叹之余，有了一个共识——组织起来，为全国的学雷锋活动做一点事情：一是还原雷锋，把一个真实可信的雷锋的光辉形象奉献给人们，使更多的人知道一个简单的道理：雷锋的一生是平凡的，谁都可以学习雷锋；雷锋精神是伟大的，谁都需要努力，才能把雷锋精神学到手。二是集50年研究成果，把理论层面上对雷锋新的认知告诉人们，使人们从中悟出道理，鼓励人们都来做社会进步的“正能量”。三是针对不同人群，编委会成员多次讨论，力求选准书名和写作内容，就这样，汇集50年的思索和探讨的成果，经过近一年的归纳和整理，就有了这样一套学雷锋的系列读物献给广大读者。这既是献给毛泽东等老一辈革命家为雷锋题词50周年的一份厚礼，更是为贯彻落实党的十八大精神，推动学雷锋活动常态化作出的一份贡献。

这套丛书有以下特点：一是具有权威性。雷锋身边的战友、培养雷锋的领导干部、看着雷锋成长的亲朋好友直接参与写雷锋，是用第一手材料叙述雷锋，其中还纠正了社会上对雷锋不恰当的传闻，还原了雷锋的真实性，维护了雷锋精神的纯洁性。二是具有完整性。有人说，这是一套既用多种形式全面地介绍雷锋事迹、系统地多专题研究雷锋精神的书籍，又是注重研究雷锋精神的时代价值，对当前学雷锋活动常态化提出了建设性意见的读物。三是具有针对性。该大型丛书分别对领导干部、企业家和职工、大学生、部队士兵等不同职业的人群如何结合本职工作学雷锋提出了参考意见，其中不乏独到之处。这些意见和看法在作者所作的多场报告中已与听众形成共识。这是一套值得收藏和系统研读的作品。对不同的读者来说，也是一套可各取所需的读物。

特别应该提到的是，2013年1月12日，中国社会福利基金会学雷锋基金管委会、辽宁省雷锋研究会、中国财政经济出版社在2013北京图书订货会上为本套丛书联合举行的推介会上，雷锋亲密战友乔安山，全国“五一”劳动奖章获得者、全国劳模李素丽，“京城活雷锋”孙茂芳，“雷锋班”现任（第二十五任）班长毕万昌等应邀亲临会场，发表了热情洋溢的讲话。“当代雷锋”郭明义虽未到会，但通过现场连线对出版本套丛书给予了很高的评价。学雷锋基金管委会名誉主任、雷锋生前战友、海军原副政委冷宽中将，学雷锋基金管委会名誉副主任、总参原兵种部政委田永清少将，分别就自己对“雷锋精神”的认识以及对本套丛书的期待作了精彩的发言。媒体及有关领导赞赏出版单位的社会责任感，高度评价图书出版活动传递的“正能量”。

学习雷锋，在于学实质——全心全意为人民服务；学习雷锋，在于行动——一言一行都为别人更幸福；学习雷锋，在于持久——一生一世讲奉献；学习雷锋，要有表率——领导干部应走在前列。

愿这套丛书助大家在追求成功的路上走得更远、更坚实。

衷心感谢在组织编写本套丛书及其开展的相关活动过程中给予我们大力支持和帮助的所有同志。

《中国榜样：永远的雷锋》编委会

2013年2月

目 录

启程——谈话从这里开始

列车已经开动。

这是一列从海南岛开出的进京列车，也是目前中国最早开通的跨海火车。

列车上熙熙攘攘，来自天南地北的乘客将共同经历一段旅程，到站后，又将去往各个地方。在软卧车厢的一个包厢中，四位旅客，有老有少，虽从未相识，却要一起度过接下来的三十多个小时的时光。他们互相问候，很快便熟络起来。

坐在下铺的，有一位70多岁的老者，精神矍铄，自称才35公岁，是一位在军队和地方都工作了许多年，已经退休了的老干部。退休后，他热心于宣传雷锋精神，在全国已经作了数千场的报告。这次他将雷锋精神报告带到了海南省。几场报告下来，听众反应都十分热烈，看到大家还积极学习雷锋，老者十分欣慰。在返回北京的途中，心情十分愉快。他选择了这趟列车，而不是飞机，就是要看一看沿途的风光。

坐在老干部对面的是一位中年人，上车后还主动帮老干部搬行李，一看便知是个热心人。其实，他已是一位老党员，也在领导岗位上干了许多年了。对于工作，他要求自己绝不马虎，一切决策要为企业和员工着想，但他本人没有领导架子，为人谦和，很受人敬重。出来办事也很朴素，选择了这种条件远不如飞机和动车的列车，他自己倒是不在意的。

在上铺的是两个年轻人。年纪最小的，是个刚刚毕业的研究生。毕业后，就开始一心一意地准备考公务员，经过一番努力，笔试、面试对他来说都很顺利，如今他心愿就要得偿，这就要去单位报到了。他满腹抱负，畅想着自己的未来，在火车上，也难以掩饰激动、兴奋的心情。老干部知道他的情况后，就称他为“准公务员”。

年纪大一点的青年，是一位常年乘火车出差、往返于各地的某公司推销员。他的业务一直不错，自己的小家庭也十分美满，已有了一个宝贝儿子，他的父母也都来帮他们夫妻俩料理家务，使他可以一心扑在事业上。由于他经常出差，早已习惯了这种慢吞吞的火车，跟各式各样的旅客也是自来熟。如今，他很高兴看到，包厢中的三个人都很随和，大家相处不久便能聊起来，旅途看来不会乏味。

老干部问他对面的中年人：“我以前来海南，都是乘飞机来往。这是第一次乘坐长途火车，听乘务员介绍说，这趟跨海列车，到北京要三十多个小时！”

没等中年干部开口，准公务员就说：“是啊，这趟车要 36 个小时才能到北京，太慢了！”

下铺的中年干部接过话：“是慢了一些，但比前些年也快了。我记得前些年有一次我出差，从广州到北京就用了 40 多个小时。那时要到海南，还没有直达的火车呢！过海峡那是很麻烦的。”

准公务员说：“现在高速铁路已经达到每小时 300 多公里了，可这趟车每小时只开几十公里。要是也改成动车，那该多快呀！”

“这就叫不均衡现象。其实，什么事都是这样，五个手指头不会一般长，人不能都一般高，事情不能一下子都齐步走，工作不能同时达到那么理想的状态。自然现象是这样，社会现象也是这样。”老干部边说边将手中的报纸指给其他人看，“你们看看报上的这篇报道，这样的事，多感动人，可是就在同一张报纸上也有对不尽如人意的事情的报道，反差有多大！”

那是一份《海南日报》，报上用一个版面刊登了最美教师张丽莉的事迹，而另一个版面中却有一篇孤寡老人落难无人救助的报道。中年人接过报纸，边看边皱起了眉头。

一旁的推销员瞅了一眼报纸，便说：“这是在说最美教师吧。今天电视上也报道了。这一段时间里，电视上和报纸上连续报道了最美司

机、最美教师，还有最美的哥，最美人物不断涌现出来，大家对好人好事还是极为推崇和期盼的！可去年，各地也发生了好几起叫人揪心的事，有老年人倒在地上了没人管的，有小孩子被车压了没人敢救的，真让人心凉。这的确是个不均衡。”

“五个手指头不一样长很正常，社会进步有快有慢也能理解。而这个不均衡就不正常了，而且是完全应该改变的。”老干部说：“党的十七届六中全会之后，全国各地开展的学雷锋活动、志愿者服务活动明显多了，参与活动的人明显多了，受到民众称赞的事也明显地多起来了。”中年干部听了也连连点头称是。

听了这话，准公务员与推销员两个年轻人却对视了一眼，无奈地笑笑。他们心想，这年头，谁还真的学雷锋呀，就算学也就是那几天而已，热闹一阵子就没动静了，也就只有从那个年代走过的人，才能保持这份热情吧。

于是，推销员就说：“学雷锋活动，光在那几个纪念日前后开展是不是太可怜了。要是能长年地坚持下去，才能有效果。还有啊，光是下面的小人物学雷锋，光老百姓学还是不行，我看当官的更要学，这样学雷锋活动才能坚持长久，才能形成气候。”

老干部一听，便知道他心中一定想着现在学雷锋气氛低迷，于是便说：“你说的对，这几天我参加了几次学雷锋宣传活动，听到一些议论，不少人也是这么说的，学雷锋活动中，青少年参与的人多，解放军参与的人多，部分企业家也参加了，而公务员参与得少。甚至于有人议论，有的公务员对现在开展学雷锋活动有消极言论。老百姓管这叫学雷锋活动的‘灯下黑’。而这，正是学雷锋不能深入持久的原因之一。其实，从雷锋这个榜样的培养和树立，到几十年的宣传雷锋和学习雷锋的全过程都可以看出，领导干部起到了重要作用。你们知道吧，当年毛主席讲过这样一段话：‘雷锋值得学习啊！向雷锋学习，也包括我自己，我也要向雷锋学习。’”

“毛主席也要向雷锋学习？”准公务员问。

“是啊，这是在 1963 年 2 月初，《人民日报》、《解放军报》、《中国青年报》等媒体报道了雷锋的事迹，毛泽东主席仔仔细细阅读以后，对当时的国务院副总理、总参谋长罗瑞卿说的。”

“当时，《中国青年》杂志要出一期学习雷锋的专刊，想请毛主席为雷锋题词，毛主席的秘书林克同志草拟了题词内容供毛主席参考，他拟了十几个题目，如：学习雷锋全心全意为人民服务的思想，学习雷锋同志鲜明的阶级立场，学习雷锋同志大公无私的共产主义风格，学习雷锋艰苦朴素的作风，学习雷锋同志毫不利己专门利人的优良品德，学习雷锋同志勤奋好学的精神，等等。结果毛主席一个也没有采纳，而是用毛笔写了两张‘向雷锋同志学习’，叫林克选一张。毛主席对林克说，学雷锋不是学他哪一件事，也不是学他某一个方面的优点，而是学他的好思想、好作风、好品德。学习雷锋长期一贯地做好事，而不做坏事，学习他一切从人民的利益出发，全心全意为人民服务的精神。当然，学习雷锋要实事求是，扎扎实实，讲究实效，不要搞形式主义。不但普通干部、群众要学习雷锋，领导干部更要带头学，这样才能形成风气。毛主席的这番讲话，指出了雷锋身上最本质的东西，就是全心全意为人民服务的好品质，而且指明了学习雷锋的方向和学习的方法。毛主席说他也要学雷锋。”

“毛主席在杭州会议上说过，‘我看过雷锋日记的一部分，看来此人懂点哲学’。毛主席号召大家都来学雷锋，学习辩证法。毛主席第二次为雷锋题词是在 1965 年 8 月 30 日，毛主席的题词是‘学习白求恩，学习雷锋，为人民服务’。在延安时期，毛主席在张思德同志的追悼会上发表演讲的题目是《为人民服务》，后来又为白求恩写了文章，题目是《纪念白求恩》，这次又把提倡学习的这三个典型写在了一起，可见毛主席多么重视和强调党的为人民服务的宗旨，要求我们充分认识坚守党的宗旨的重要性。”

中年干部接着说：“雷锋的日记，可以说，每一篇都很有哲理，充满了辩证法。我看很多领导干部说的话，都比不上雷锋的语言，别小看这位 22 岁的战士，真是令人钦佩，值得所有的人学习和崇拜，特别是领导干部，真要虚心学好雷锋才对。”

听了两位前辈的话，两个年轻人也点头认同他们的观点。雷锋是伟大的，雷锋精神无论在哪个时代都值得传承下去，谁都要学，尤其是是作为领路人的领导干部。可是，为什么还看不到领导干部学雷锋呢？领导干部应该怎么学雷锋？学雷锋的什么呢？

于是，在这个小小的包厢中的四个人，围绕着领导干部学雷锋的话题，交谈了一路。

第一章

痛心疾首

每个领导干部既可以像雷锋当年那样，满怀对社会主义事业、对老百姓的热情和对工作的激情去履行职责，去展现执政党的宗旨和风范，使人民群众更加信任党、亲近党、紧跟党，使党的执政基础更加牢固；也可能因自私贪腐、能力低下、作风浮华而影响执政党的威望，毁坏党的形象，使人民群众离心离德，动摇党的执政基础，而成为历史的罪人。

旅途漫漫，包厢里的四位乘客还在热烈地议论着。他们的交谈集中在当前党员干部的形象上。

推销员说："我在业务活动中接触了不少干部。现在的领导干部各式各样，可有一条是一样，都说干部不好当了。据我观察，其实现在的领导干部也是多种多样的，有不少干部真好，一心为老百姓办事。可也有的公务员一心钻到钱眼里去了，一心往钱看。不给钱什么事也不办，给了钱什么事都可以办。我当推销员时间不长，办一件事情，总要有点精神准备。我们同行有几句话叫做'要硬着头皮，厚着脸皮，还要磨破嘴皮'。和公务员打交道，酸甜苦辣，什么滋味都尝到了。"

"听说有一个省，交通厅长一个接一个地倒了，新上来的厅长还要郑重其事的宣誓呢，可是没过几年，宣过誓的这位又倒了，再换一个，又要庄严宣誓。这种事真是邪了门了。到底还有没有办法保证干部不倒呢？"

"过去那些革命英雄，面对敌人的酷刑折磨，甚至钢刀架在脖子上，都不屈服投降，那不是靠自己的意志吗？"

老干部说："研究这件事，要从几个方面去看。有制度层面的问题，有教育方面的问题，也有个人思想境界和修养方面的问题。现在不是通行这么几句话吗：要使公务员不敢贪、不能贪、不愿贪、不必贪，你说是不是涉及很多问题。"

高危职业

《中国青年报》2012 年 10 月 16 日报道，16 年来，河南省交通厅已有四任厅长相继落马。被称为"前腐后继"，有人在博客上说：难道只有河南省交通厅长“前腐后继”吗？其实没有哪个地方可以沾沾自喜，可以远离体制的弊病。从 1997 年到现在，仅十几个省的统计，已有 20 多位交通系统厅级干部落马，仅次于国土局而名列第二。

而无论官职多大，是否贪腐，要看自己有无定力。领导岗位可以说既是人生的舞台又是人生的考场，每个人每天都在表演自己的人生，每天也在做人生的答卷，书写自己的历史，有的很精彩，有的不合格。但是这个答卷落笔后就不能再悔改了，别人也代替不了你。

现在更可以看出来毛主席号召领导干部学雷锋的重要意义。每个领导干部既可以像雷锋当年那样，满怀对社会主义事业，对老百姓的热情和对工作的激情去履行职责，去展现执政党的宗旨和风范，使人民群众更加信任党、亲近党、紧跟党，使党的执政基础更加牢固；也可能因自私贪腐、能力低下、作风浮华而影响执政党的威望，毁坏党的形象，使人民群众离心离德，动摇党的执政基础，最终成为历史的罪人。所以领导干部的形象绝不是个人的问题，而是直接关系我们党的前途和命运的问题。

实际上，我们共产党的领导干部，多数都在努力增强党性、端正作风，严守党纪。新中国成立后，无数领导干部都做出了好榜样，像周恩来、焦裕禄、孔繁森、杨善洲等，就是其中的杰出代表。每当人们想起他们，都会肃然起敬，从而增强对党的热爱之心。

“现在谈起领导干部的楷模时，都常说到周恩来，听说过联合国为周恩来总理降半旗的故事，难道他是那么令全世界敬佩吗?”准公务员问。

联合国只为国家元首去世降半旗，而周恩来是国务院总理，不是国家元首，可联合国为周恩来总理却破了例，为他降了半旗。当时确实有一些国家的外交官对此提出了疑问，说联合国自从 1945 年成立以来，都只为国家元首去世降半旗，有的国家元首去世了，也没降半旗。周恩来虽然是一位伟大的政治家、外交家、国务活动家，但毕竟不是国家元首，而是政府首脑，为什么要为他降半旗呢？这时联合国秘书长瓦尔德海姆走了出来，站在联合国总部大门的台阶上，进行了一分钟的讲话：“为周恩来总理降半旗，是我决定的，其理由：其一，中国是一个文明古国，一个东方大国，中国的金银财宝，中国使用的货币，多得数不过来，但周恩来在国内、国外却没有一分钱的存款；其二，大家都知道，周恩来是个美男子，但他终生只有一个妻子，这就是邓颖超女士，他们终生相亲相爱，不离不弃；其三，周恩来和邓颖超没有自己的一个孩子，但他们却无限地热爱全中国人民，无限地热爱全中国的青年，把全中国的青年人都当做自己的孩子，关心、爱护、帮助、培养。依据以上三条，你们的国家元首，只要具备一条，他死了，我就为他降半旗！”说完，他转身就走。于是，所有在场人员，都不约而同地面向联合国旗，低下头，为周恩来总理默哀。

周恩来的确是全心全意为人民服务的典范。联合国总部为周总理降半旗，不是因为他的聪明才智，而是因为他的品德和人格，从电视上看他胸前总戴着“为人民服务”的胸章，这对他来说是名副其实的，他是佩得上这五个字的，他是全体领导干部学习的楷模，也在世界上为咱们中国人争光了。

周恩来的确为人民鞠躬尽瘁，死而后已。他去世后那么多人自发地为他送行，十里长街哭声不断。他连骨灰都不保留，撒到江河湖海里。人们到天津去参观周恩来邓颖超纪念馆，每次去，都是一次精神和心灵上的洗礼。讲解员都是以崇敬的心情与参观者交流。邓颖超临终时告诉工作人员，她去世后，还用总理的那个骨灰盒，而且也不保留骨灰，也撒到祖国的江河里去。所以，纪念馆里最后一个大厅里摆放着的那个盖着党旗的骨灰盒是空的。在那个大厅里，参观的每个人心灵都会被震撼了！

有个老同志称周恩来总理是：死不留灰，生而无后；官而不显，党而不私；劳而无怨，走不留名。也有人说周恩来总理是有大智、大勇、大才、大貌、大爱、大德的人。

周恩来的人格魅力的确征服了世人，为中国人民争了光，也影响了几代人，多少人以他为楷模，去做人、去做事，使我们党、我们国家出现了多少杰出的党员领导干部。其实我们老一代领导人，很多都是老百姓的贴心人，在人民群众中，都是提起来就肃然起敬的。他们在人民心中就是一座座丰碑！

然而，近年来出现的贪污腐败、损公肥私、违法犯罪、与祖国和人民离心离德、在外国办绿卡为自己留一条后路的干部数量之多，令人惊讶，级别之高，令人咋舌。这些都令全国人民以及我们党的大多数领导干部，痛心疾首！别说有自尊心的干部，就是稍有良心的中国人也因为他们损害党的形象而感到痛心！

现在不少干部坦言，领导干部是一种“高危职业”，就是指处在领导干部的位置，受到消极影响的机会多了，犯错误的机会多了。其实，这个问题，早在中国共产党取得革命斗争胜利前夕，党的领袖们就预料到了。毛泽东主席曾和民主人士黄炎培先生有一段经典的对话。黄炎培问：“我生六十余年，耳闻的不说，所亲眼见的，真所谓‘其兴也勃焉，其亡也忽焉’。一人、一家、一团体、一地方，乃至一国，不少单位都没有能跳出这个周期率的支配力。大凡初时聚精会神，没有一事不用心，没有一人不卖力，也许那时艰难困苦，只有从万死中觅取一生。既而环境渐渐好转了，精神也就渐渐放下了。一部历史，‘政怠宦成’的也有，‘人亡政息’的也有，‘求荣取辱’的也有，总之没有跳出这周期率。”这个周期率可不是数学里讲的圆周率，而是政治和政权上的周期率，是指一个政权创建时是“其兴也勃焉”，结束时是“其亡也忽焉”。就是说创业艰难，而守业更难，要垮台就非常快，一下子就完了，甚至有一种说法叫“三世而斩”，倒台不可避免。秦始皇当上皇帝之后，就宣称要万代相传，永远延续下去。结果到第二代就垮掉了。元朝末期农民造反，起义军首领朱元璋最终建立了大明王朝，结果和前朝一样免不了垮台的命运。那么，共产党掌握政权后，会不会也重蹈覆辙呢？毛泽东对黄炎培说：“我们已经找到了新路，我们能跳出这周期率。这条新路就是民主。只有让人民起来监督政府，政府才不敢松懈。只有人人起来负责，才不会人亡政息。”谈话后，毛主席对这个问题还想了很多。在党的七届二中全会上，毛主席说，中国革命的胜利是伟大的，但这只是万里长征走完了第一步。今后的路还长，工作更伟大、更艰巨。他反复强调要全党都记住“两个务必”：务必使同志们继续地保持谦虚、谨慎、不骄、不躁的作风，务必使同志们继续地保持艰苦奋斗的作风。这段话，在 20 世纪 50 年代和 60 年代，一直鼓舞中国共产党人和全中国人民不断前进。

党的十六大刚开完，胡锦涛总书记就带领中央政治局常委集体来到河北省平山县的西柏坡，在当年毛主席讲“两个务必”的七届二中全会会场里，重温毛主席的重要讲话。这一举动，使全国人民感受到了一股新风，感受到了中央领导的决心和信心，给了全国人民一种希望。

在 1949 年 3 月 23 日，中国共产党中央领导机关离开河北省平山县西柏坡准备进驻北平时，毛主席几乎一夜未睡。毛主席说：“同志们，我们就要进北平了。我们进北平，可不是李自成进北平，他们进了北平就变了。我们共产党人进北平，是要继续革命，建设社会主义，直到实现共产主义。”出发前，他兴奋地对周恩来说：“今天是进京的日子，不睡觉也高兴啊！今天是进京赶考嘛。进京赶考去，精神不好怎么行啊！”周恩来说：“我们都应该考及格，不要退回来。”毛主席说：“退回来就失败了。我们决不当李自成，我们都要考出个好成绩。”

老干部讲了这个故事，意味深长地自言自语：“现在看来，还真的是有不少领导干部没考及格啊！”

准公务员说：“是啊，共产党进城不久，天津就出了刘青山和张子善腐败案件，是贪污腐化，书上说这两个人都是老红军，却为什么走上了不归路？”

刘青山、张子善经历过革命战争年代艰苦卓绝的斗争的考验，正如毛主席所说，他们在枪林弹雨中不愧为英雄的称号，但是他们没有经得住糖衣裹着的炮弹的进攻，在和平环境里打了败仗，成了人民的罪人。

现在到天津去，还可以在杨柳青石家大院那里看到新中国反腐败第一大案陈列展览，展览的前言说："我们党在领导中国革命和改革的实践中，深切感到，不坚决惩治腐败，党同人民群众的血肉联系就会受到严重损害，党的执政地位就有丧失的危险，党就有可能走向自我毁灭。因此，党历来高度重视反腐败斗争，对任何腐败分子都坚决查处，严惩不贷。"

刘青山和张子善都是从小参加革命，都曾被敌人抓进监狱，张子善受到严刑拷打，但他始终没有出卖同志，大义凛然，视死如归。他对敌人说："自打一进来，我就没打算再活着出去。"在战争年代，他们是时刻准备为共产主义事业献身的人。新中国成立以后，他们被委以重任，继续为国家效力。可是，1951 年 11 月下旬，在河北省第三次党代会上，天津地区副专员李克才揭发检举了刘青山、张子善的贪污腐化问题，当时刘青山已任石家庄市委副书记，张子善任天津地委书记。他们贪污、挪用的修河的经费，共计 171.63 亿元（旧币，1 万元等于现在人民币 1 元），按说数量与今天贪官贪污的钱款比，还算少的，但是当时国家十分困难，就拿国家拨给穷困户的救济款来说吧，1953 年时国家救济标准是：每月一口人 5 元，两口人 8 元，三口人 10 元，三口人以上，每增加一口人，增加 2 元，每户最高不超过 15 元。全国大多数人还是缺衣少食。当时还要全国支援抗美援朝战争，国家和人民都很艰难，这时的贪污腐化，人们更加痛恨。有一张照片，是天津地委领导合影，第一排中间三个人穿的是皮鞋，其余的都穿的是布鞋，那时刘青山的爱人怀里还抱着孩子。有人说毛主席是挥泪斩马谡，一方面，要求对腐败分子决不手软，不让腐败分子败坏共产党人的名声，不能开这个坏头，要严惩腐败分子，警告全党的领导干部，以他们为戒；另一方面，指示让人用好棺木装殓他们，把他们的子女抚养到成年。1952 年 2 月 10 日，在河北省保定市东关校场举行公审刘青山、张子善大会。河北省人民法院院长宋志毅当场宣判刘青山、张子善死刑，立即执行。此时，刘青山 35 岁，张子善 37 岁。在当时，处决刘青山和张子善，确实教育和挽救了一大批濒临犯罪的党员领导干部。

毛主席重申了他在《整顿党的作风》报告中所强调过的一段话。他说："身为党员，铁的纪律就非执行不可，孙行者头上套的箍是金的，列宁论共产党的纪律说纪律是铁的，比孙行者的金箍还厉害，还硬，这是上了书的，《共产主义运动中的"左派"幼稚病》上就有。"

这些腐败现象的发生，说到底还是这些干部利欲熏心，没有解决为什么人服务这个根本宗旨的问题。在改革开放时期，这个问题就更加突出了。现在我们国家人口世界第一，腐败分子的数量也是第一。

生于忧患，死于安乐

推销员问："难道和平时期比战争年代还难应付吗？"

"这也许就是生于忧患，死于安乐的道理吧。"老干部意味深长地答道。

科学家做过多次试验，证明了一个道理：在平常安安稳稳的情况下，动物和人都会失去警惕、失去斗志、失去进取心，在平平静静之中不知不觉地颓废下去，除非你有高度的自觉性和警觉性。把青蛙放在锅里，然后加入常温的水，用小火慢慢地加热，青蛙没有强烈反应，会在不知不觉中被渐渐地烫死。反之，若把青蛙突然放进滚烫的开水里，由于温度突变，出于求生的本能，它会竭尽全力地快速跳出来。在和平年代蜕化变质的英雄人物，都是对和平环境失去警觉了。这样看来和平年代如能始终保持革命意志不变，保持服务宗旨不变，保持理想信念不变的，被称为英雄，也是理所当然的了。

有人说雷锋不是英雄，恐怕是小看了和平年代的考验。其实，雷锋也是名副其实的英雄，只是他和刘胡兰、董存瑞、黄继光等不是一类英雄。后者是轰轰烈烈、瞬间成就的英雄，而雷锋是长期保持先进、平凡而伟大的英雄。

艰难困苦，玉汝于成；安逸舒适，腐蚀蜕化。毛主席在革命胜利之后一直都在思考在和平环境里出现革命意志衰退、革命者演变为守成者的危险，直致可能发生的党的变质问题。在读小说《水浒传》时，他曾联系新中国成立后的实际情况思考了这个问题。我们知道，宋江领导的农民起义队伍接受皇帝的招安（投降），并不是在客观形势对他们极为不利的、毫无办法的时候发生的，恰恰相反，是在取得了重大胜利（两次打败童贯、三次打败高俅等）的大好形势下自愿地、主动地接受招安的。这和毛主席当时的忧虑是一致的。毛泽东认为，革命的真正目的是要消除压迫，改变产生压迫和官僚主义的社会结构。而这一切，在当时不但没有达到，反而在社会主义的土壤上滋生了不少欺压和迫害百姓的大大小小的官僚，严重地损害了党群关系和干群关系。毛泽东回顾我国历次农民革命，注意到历史上的农民革命往往在获得胜利后，革命热情就逐渐消退，革命意志往往就逐渐丧失，做官当老爷，图安逸，求享受，欺压百姓，直至最后完全违背原来革命的真正目标，以失败而告终。这样的革命悲剧，会不会在我们共产党人领导的经过无数的革命先烈用鲜血和生命换来的社会主义的大地上重演？

在读了《西游记》后，毛主席思考过这样的问题：假如孙悟空闹天宫成功了，那也不过是玉皇大帝改姓了孙，就像刘邦、朱元璋之辈乘着农民起义运动的高潮而爬上了龙位一样——自己成了最高统治者，而农民又照样被那换了姓的主子剥削着、压迫着，终至于又造反。我们党的大多数成员是农民出身，革命是在封建社会的根基上发起的，革命者头脑中自然会带着深深的封建主义的烙印。革命队伍里的成员如不自觉加以改造，这样的悲剧重演不是没有一点可能。

1957 年 3 月 19 日，在南京的一次党员干部会议上，毛主席说："我们一定要保持过去革命战争时期的那么一股劲，那么一股革命热情，那么一种拼命精神，把革命工作进行到底。什么叫'拼命'？《水浒传》上有那么一位，叫拼命三郎石秀，就是那个'拼命'。我们从前干革命，就是一种拼命精神。"

那么，没有经过战争年代考验的人，现在当政的干部大都是这种人，应知道自己没有那么多些革命的资本，更应有自觉性，对腐败侵蚀有警觉才行。现在不但是腐败分子数量越来越多，而且腐败分子中高级干部的比重也越来越大。四个直辖市里，有三个市的市委书记被法办，他们都还是中共中央政治局委员，在党和国家领导人之列，这可太叫人不可理解了！

深圳大学有一个硕士研究生以党的十六大以来落马的72个省部级高官为样本，对其基本特征作了分析，认为中国省部级高官腐败的时间跨度较长，且在此腐败进行期间被提拔重用现象很普遍。钱、权、色结交是腐败高官的共同特征，腐败的高发年龄段为52～62岁。在他搜集的72名高官案件中，近半数既涉及经济问题，又涉及政治问题。经济领域发案率最高，有60人之多。受贿是主要罪行，而涉及房地产的案件比例最大。省部级高官在政治领域的腐败主要表现在为他人的职务提升变迁、人事录用和干预案件处理等活动中提供便利，高官从中得到好处。在所有案件中，有31人涉及政治领域腐败，接近半数。政治领域的腐败，主要集中于买官卖官，不少腐败官员的腐败行为是随升迁调动同时发生的，有的甚至是一边被举报一边被提升，这说明什么？说明这些腐败现象如果发案，就是上下连接的串案，有卖才有买嘛！

信念破解危机

> “而对于腐败警觉来自哪里，不是天上掉下来的，而是靠树立坚定的理想和信念才能做到。”老干部说。

人们常说，理想信念是支柱，理想信念可支撑起整个人生。有了理想信念，共产党就有了强大的前进驱动力，就有了团结队伍前进的向心力和凝聚力，党员就有了优良品格的塑造力，特别是就会有了对自我行为的约束力。这个约束力太重要了。如果一个人只靠舆论和纪律的约束，那只能是保证在人前不违法乱纪；而有了高尚情操和理想信念的人，就会在无人时，在任何时候都不做坏事。雷锋说过：“当你在最困难、最危险，甚至威胁自己生命时，也能严格地遵守纪律，那就是好党员。我要做一个名副其实的好党员。”他还说过：“凡是脑子里只有人民、没有自己的人，就一定能得到崇高的荣誉和威信。反之，如果脑子里只有个人，没有人民的人，他们迟早会被人民唾弃。”把为人民服务作为自己的理想，肯定是有自我约束力的人，是最有出息的人，也是最有希望的人。

我们时常听到领导干部讲理想信念，可时不时又见讲理想信念的人出了事，这不是前后矛盾吗！民众议论这些腐败的领导干部，听到人民群众的痛恨之声，感到党的威信和形象被这些人损害，我们十分痛心！这些腐败的官员带来的恶劣影响令人心寒！使党内有良知的党员都心寒！要想办法维护党的形象！

反腐倡廉的形势是在不断变化的。改革开放之初，出现了“官倒”。官员可以利用手中的权力，为自己或亲属谋取私利，因为那时是价格“双轨制”，有些领导干部就是利用这个差价赚到了第一桶金，这就被称为“官倒”。之后在国有企业改制过程中，有的干部利用转制的机会将国有资产变成了自己私有的，捞到了国家的财产。再之后金融体制改革时期，有的领导干部成了金融单位的老总，成了金融寡头，成了全国最富有的人，公开的收入有几百万元，是自己规定的年薪的数倍，有的甚至达到上千万元。更有甚者，暗地里靠绞尽脑汁设计陷阱和圈套吸纳老百姓财富，使自己的财产再升一个数量级，使老百姓望尘莫及，与普通工薪阶层的收入差距巨大。而由于没有相关法律和制度限制，现在这种高收入已经变成合法的了。现在查处的大案件，还不是这些，这些是“合法的”，查办的都是非法手段谋取上千万元、上亿元甚至几亿元、几十亿元的领导干部。至于以前老百姓议论的大吃大喝，每年吃掉几个“三峡”、几艘航空母舰，现在都拿不到桌面上说了，是小巫见大巫了。现在是在公款吃喝的酒桌上来谈论别人更大的贪赃枉法案件了。

当年有几句顺口溜，说吃喝成风的，例如“革命小酒天天醉，喝坏了党风喝坏了胃”，等等。据说，1988 年公款吃喝费用就达到 250 亿元，1993 年达到 1000 亿元。1993 年的 1000 亿元相当于 1992 年全国税收的四分之一，可以修五条京九铁路，可以建三个宝钢，当然使很多人脱贫、建几所希望小学，更不在话下了。公款吃喝，老百姓看在眼里，气在心里呀，所以有关吃喝的顺口溜在社会上流传，就不奇怪了。而顺口溜，再有良知的领导干部那里，是那么刺耳。要想使百姓满意，就必须制止公款吃喝。

因为公款吃喝危害太大，老百姓反映太强烈了，党中央下发了许多文件，三令五申。改革开放以来，党中央、国务院共下发了近五十个不准用公款吃喝的文件。不可否认，这些措施对遏止公款吃喝之风的确起了一些作用。不过，“馋官”们的手段变化多端，他们变着花样地吃喝，变本加厉地吃喝，吃喝风更是甚嚣尘上了。这些文件是只管君子，管不了小人。“四菜一汤”，对想吃喝的官员来说，四个什么菜，一个什么汤，可以做多少文章呢？同时产生了一大批酒席文化，用以劝酒，用以娱乐，在酒席上形成关系网，以便更便利地扩大这个群体的势力。

公车消费，也是老百姓不满的一个方面。据 1998 年 3 月 14 日《中国经济时报》报道，全国有公车 160 万辆，原价总值达 4000 亿元。以 1993 年为例，当年购公车支出 400 多亿元，年使用费 300 多亿元，160 多万名司机的工资、福利、住房费用 300 多亿元，总计约 1000 多亿元，与一年公款吃喝费用相当。对此，也和公款吃喝一样，党中央、国务院发出了一道道禁令，进行多次专项治理，百姓也呼吁刹住“马路上的腐败”。但是因体制问题和治理措施等方面的原因，公车消费的强劲势头没能有效遏止，反而越来越凶了。

机构臃肿也是行政机关的一个顽症。经专家研究，汉朝时，一名官吏管理 2000 人；唐朝时，一名官吏管理 1000 人；明朝时，一名官吏管理 500 人；清朝时，一名官吏管理 300 人；现在则是一名干部平均管理 36 人。“龙多不下雨，人多不出活。”不仅不出活，人多了还要扯皮生事。

危害最大的腐败是吏制的腐败。跑官、要官、买官、卖官，成为一种官场现象。明码标价，“送多大的钱，给多大的官”，以价定职、以钱定官的权钱交易，时有披露。这严重地影响了党的威信，败坏了党风和社会风气，也助长和带动了其他的腐败现象。对此，老百姓多有讽刺。公费旅游，遇事推诿，有事难办，文山会海，今天检查，明天评比，没事找事，以显示本单位的地位所在。伴随机构臃肿而来的，则是政府大厦林立，而机关大楼与当地发展情况成反比。城市的官办、官会功能加重，遇事就要“跑部进京”，驻京办事处上万个。虚职乱设，副职无数。

有一个县级市，竟然设了 15 个副市长，为了为这些领导服务，市办公室就要设十几个副主任、十几个秘书、十几个司机、十几名公勤人员。这在全国还不是之最。官本位思想越来越严重，惟官为本，其他皆为末流，于是人人争入官场，个个欲考公务员。连不是官的，也学着套用官场的职级待遇，什么“处级和尚，将军演员”，等等，很有“中国特色”。而机构调整走的是“精简，膨胀，再精简，再膨胀”的恶性循环，这也是个怪圈了。据 1996 年统计，国家工作人员达 1038 万人，比改革开放之初增加了一倍，纳税人不堪重负。“部长一走廊，局级干部一礼堂，处长一广场”，表达的是老百姓对精兵简政的支持，对人浮于事的反感。

中年人一边听着大家的议论，一边思索一个问题，便问：“为什么那么多形形色色的人最终会走上了相同的腐败的道路？这些问题有没有一个根本原因所在？”

老干部答道：“自然是有这样一个原因，也许就是他们摆不正领导干部的位置，背离了他们应承担的责任，也是他们的人生观、道德观出现了偏差。

2011 年是建党 90 周年，在纪念大会上，胡锦涛同志讲了一段发人深省的话，被刊登在《求是》杂志上。他这样讲：全党必须清醒地看到，在世情、国情、党情发生深刻变化的新形势下，提高党的领导水平和执政水平，提高拒腐防变和抵御风险能力，加强党的执政能力建设和先进性建设，面临许多前所未有的新情况、新问题和新挑战。执政的考验、改革开放的考验、市场经济的考验、外部环境的考验是长期的、复杂的、严峻的。精神懈怠的危险、能力不足的危险、脱离群众的危险、消极腐败的危险，更加尖锐地摆在全党面前。他要求全党齐心协力，下气力化解“四大危险”，赢得人民的信赖与拥护。

在为人民掌管权力的高级干部身上，明显地体现了这四种危险的严峻性。在财政部定期编辑的《财苑警示录》中，我们看到了一批又一批的“管家们”被查处的情况。仅 2005～2011 年，全国立案查办财政部门工作人员的案件就有 6224 件，受处分 6475 人。位高权重更需自重，为民理财岂能敛财。可是在财政系统却有这么一些干部，把人民给予的管理权，变成了谋取私利的便利条件。财政部原副部长朱志刚利用职务上的便利为商人谋取利益，收受钱物折合人民币 744 万元，利用职务上的便利，以低于市价 73.8 万元的优惠为其子女购买住房，投资“中铁建”股票谋取利益 160 万元，接受他人赠送住房等，最终，以受贿罪，他被判处无期徒刑。

《财苑警示》的编者总结朱志刚走向违纪违法道路的原因，主要是他长期放松自身世界观、人生观的改造。朱志刚作为一名党内高级干部，其走向错误道路并非自始既然。朱志刚起步于基层，曾有一颗拳拳报国之心，做过一些踏踏实实的工作，平日里自我约束，但由于长期不重视道德修养，导致其从政思维产生了严重偏差，由言致行，一步步滑向腐败的深渊。

这样反面的例子就验证了胡锦涛同志讲话的重要意义。

很多领导干部都把胡锦涛同志的讲话全文抄在自己的本子上，经常翻出来看一看，用以警醒自己。而相当一部分领导干部对此置若罔闻，失去理想信念，失去道德观念，失去法制观念，跨过底线，以致滑到罪恶深渊后才知道感叹，留下的只有悔恨。不少腐败分子在反思过程中归纳自己的“四步曲”：贫困的少年，奋斗的青年，上进的中年，悲惨的晚年。这些干部犯罪，不在于能力和才干不行，而是品德，是道德，是放纵权欲膨胀，是把人民利益放在一边了，放在脚下了。

在改革开放之初，邓小平说过，群众对公共汽车上无人让座现象不满，称“雷锋叔叔不见了”。当时很多人都以为小平讲的仅仅是个助人为乐的人少了的问题。其实，深层上讲的正是人的道德问题，是道德培养教育问题。“严重的问题在教育”，特别是教育领导干部明白为什么人服务这个宗旨问题。而当前出现的问题，根本上说还是个为什么人当官的问题。

前段时间曾经有人对比了我国的汶川地震与新西兰基督城的地震的

损失。称2010年新西兰基督城7.1级地震零死亡是个奇迹。而新西兰媒体回应是，他们几十年如一日健全预防地震和救灾机制，才使1968年大地震仅4人丧生，而2010年大地震零死亡。新西兰政府从法律和制度上保证了每项建筑符合抗击8级地震水平，每项预防措施普及和落实到每一个人，政府靠强力去监督每个建筑商要百分之百使用抗震建筑材料，如有违反，一律严惩不贷。2010年9月基督城的地震7.1级，零死伤，2011年3月6.3级地震，死145人，失踪200人。

对比新西兰，我们看一看近年来国内在建筑业出现的在建过程中就倒塌，建成几年就裂缝的现象，都能从政府官员失职、无作为或勾结房地产商一起违法找到原因，都能从工地上实行的监督流于形式、竹签替钢筋、翻新钢筋等找到祸首。地震来了，有多少人不是死于地震，而是死于腐败。黑心，是多灾多难的前兆；道德缺失，是杀人的祸首。

我们在抗震救灾过程中，大力歌颂了在天灾面前涌现的英雄事迹，这是非常振奋人心的，而同时也应看到，没有像树正面典型那样下大力处理造成人祸的祸首，没有惩治建筑领域的腐败。使这种因腐化堕落而导致的死难依然如故，长期得不到遏制。

面对腐败，个人本身要严守道德底线，国家也要有严格的法制和规定才行。很多去过新加坡的人回来都说，在新加坡，没有人随便扔垃圾，在餐厅里，没有人大声喧哗，深更半夜开车也没人闯红灯，等等。中国人开玩笑说，在新加坡真是人人都是雷锋啊！可经过了解就会知道，新加坡有一句名言，叫做“新加坡人的自觉性是管出来的”。

大家都知道，新加坡是现在还保留鞭刑的国家之一。那可是对谁都不客气，电视上报道过，有一个英国人在新加坡被抽鞭子打屁股。而新加坡严厉的制度还不只是“抽鞭子”。有一位中国的学者，在新加坡办理离境手续时，被海关拒绝，他不明白原因，海关工作人员告诉他，他还有一本书没有还给图书馆，必须亲自回去办理交还手续。他因此改变了离境时间。几年后，他的女儿要去新加坡上学，他要把女儿送到新加坡，可办理去新加坡的签订时却被拒签了。女儿自己去了新加坡。一年后，女儿弄明白了爸爸被拒签的原因，就是新加坡不欢迎不守信用的人。在这样的国度里，人人都会被扳过来，环境影响、规章制度管理和思想教育哪一方面都不是软的，而且是教育到每一个人、管理到每一个人。

制度的力量

老干部说："说到加强制度建设，却让我想到学雷锋活动中的一个现象。"

我们强调思想教育，提倡学雷锋见行动，很重要，可又要防止把什么都压给学雷锋活动，给学雷锋活动施加那么大的压力可不行。学雷锋也不是万能的。不能放松制度的建立以及惩治腐败的力度。在一次研讨会上，有人说，学雷锋，社会就和谐了。学雷锋是能提高人的思想道德水平，促进和谐社会的建立，但是不能代替管理和制度的责任。实践证明，有很多不和谐的因素不是来自老百姓的道德问题，而是出自公务员的思想作风和出台的措施等。公务员及公务机构一心为自己谋利，必会损害人民群众的利益，群众那还不去上访？那还不去争辩？你又要防止群众上访，这不是自己惹火烧身吗？如果这种事，也要老百姓学雷锋，正确对待，当作顾大局，去要求老百姓守规矩，那不是反使劲了吗？

哈尔滨那座桥垮了，说车太重了。主持人周立波在节目中调侃说："大家要小心了，特别是以后胖子过桥要小心了。别赶上桥塌了，叫你赔啊！"与其说是科技水平问题，不如说是道德问题，更是良心问题。

回顾几十年，反腐败下了不小功夫。现在人都很聪明，人人都知道，反腐败要从三方面下手：加强教育，使人不想贪腐；严格制度，使人不能贪腐；加大惩罚力度，使人不敢贪腐。也有的加上一条：增加待遇，使人不必贪腐。然而落到实处的有多少？尤其是不能贪腐，谈何容易。诱惑，不是所有的人都能抵制和拒绝的。新闻媒体和公民参与监督的制度和力度还远远不够。有的地方还存在官员自己定法，自己批项目，自己执行，既当裁判员，又当运动员，不腐败才怪！英国历史学家阿克顿曾说过：权力是能腐蚀人的，绝对的权力就会造成绝对的腐败。

缺少对掌权的人的监督，领导干部本身又没那么高尚的道德品质，信仰缺失，必然出事。

国家食品药品监督管理局原局长郑筱萸滥批新药，仅2004年一年就批准了10009种，按每天8小时工作算起来，平均每12分钟就有一个药品被批准。结果很多药的副作用在患者身上显现，甚至使人丧命。事情被揭露后，郑筱萸被判处死刑，他在遗书中说："明天就要死了，我非常害怕。九泉之下受害的人能宽恕我吗?"海南省东方市市委书记戚火贵因受贿罪数罪并罚，被判死刑。他说："两年来学了《刑法》及其他法律书籍，对自己的罪行也有了更深刻的反省，曾准备写一本《我的铁窗生涯》，但因为脑子乱而未动笔。"行刑时他腰膝瘫软，被武警架向刑场。悔之晚矣。他们到了这个时候才开始学习，晚了。

所以治理腐败，必须要有有力的措施。在尽快建立起一整套制度，加强思想教育，严肃查处腐败分子的同时，要广泛开展学习雷锋精神的活动，要使公务员都有一个共同的信仰才行。当前，我们思想道德领域主流还是积极健康向上的，只是存在一些突出问题，引起全社会的极大关注。时代和人民呼唤雷锋精神，要求加强道德建设，培育良好社会风尚。这是2012年3月2日在全国深入开展学雷锋活动座谈会上，中央领导同志的讲话中反复强调的一点。

守住底线，广交良友

"红楼梦中有这样三句话：'好风凭借力，送我上青天'；'子系中山狼，得志便猖狂'；'因嫌纱帽小，致供枷锁杠'，概括了一些人做官、升官、丢官的三部曲，很多人走不出这个怪圈，最后身败名裂。"老干部感叹道。

自古以来，人们都十分痛恨贪得无厌的官僚。名门望族都以出贪官为最耻辱，以出现廉官、清官为最荣耀。我们到山东曲阜去，一定会在参观孔府时看到许多壁画。在那里每个人都会受到很多的警示。孔府内宅有一个照壁，壁上画的动物叫做"犭贪"，此物偶蹄、猴尾、龙头，周身挂鳞，披着长毛，张口昂首，卷舌露齿，四周祥云缭绕，又有飘带、把宝，但仍不满足，张开血盆大口，欲将左上方的一轮红日吞到肚里，以致被红日引着身上长毛，全身布满火焰。绘此图就是为了告诫孔氏子孙不要贪婪。其实，世界上本没有馋这种动物，这只是古人用以刻画贪官的形象化的东西，但将世间馋人和古时刻画的馋相比较，真是极其相似。古有馋，今有贪，有小贪，也有巨贪。在这幅壁画前，我们不由会想起陈毅元帅的名句："手莫伸，伸手必被捉。"党的领导干部，人人都要时刻引以为戒！

腐败分子并不都是一当上领导干部就坏了，而是有一个变化的过程。这里面就有一个把握好底线的问题，一个度的问题。底线又可分为低压线、中压线和高压线三条线。所谓低压线，就是只涉及道德问题，所谓中压线就关乎纪律问题了，所谓高压线，那就和法律连在一起了。有一个故事，说的是老鼠吃大米。故事中老鼠的底线，很能说明一些领导干部腐败的欲望如何冲破底线的。老鼠跳到装米的缸里吃大米，一边吃，一边做思想斗争：大米真好吃呀！但是只能吃到一定程度就行了，可千万别太贪得无厌！要能跳出去才行，别吃着吃着跳不出去就死在这里了。这就是底线，但最终的结果是，缸里没有米了，只有饿死的老鼠。原因是大米的诱惑力太大了，老鼠的抵抗力量还是弱了，吃了三分之一还想吃，吃了二分之一还想吃，最后跳不出去了，呜呼哀哉，贪婪所致！

准公务员问："那么，靠什么才能坚守底线呢？"

老干部说："毛主席说过，学雷锋不只是学他的哪几件事，而是要学习他全心全意为人民服务的好思想。这是个根本保证啊！如果雷锋活着，我想他一定是个好干部。因为他一心想着群众，而把自己的利益放在最后。公心和私心怎么摆，直接连着道德品质啊！"

"人有了私心，私欲太盛，这个干部就当不好了。"中年人接着说。

很多干部违法犯罪，都是从道德观念上踩了底线开始的。如果这时能抑制住自己膨胀的私欲，就可能停止往更坏的地步发展；如果不能抑制自己的私欲，就会迈过道德这道坎儿，然后再迈过法律这道坎儿，走向深渊。

有一个小品叫《擦皮鞋》，就是以故事的方式表现领导干部道德底线问题。说的是有一位局长，一天开着轿车去学校接儿子。到校门口了，一看离放学还有十分钟，就叫学校大门口修鞋的大嫂给擦擦皮鞋，快擦完了的时候。儿子出来了，他问儿子考试的结果，儿子说还可以。他一听不满意了，教训儿子说："你一定要好好学习，长大了好当官，要不然，长大了只能和她一样，坐在这儿擦皮鞋！"说完领着儿子上车走了。过了一会儿，他的手机响了，那个大嫂问他是否忘了什么。他才想起自己的小皮包忘在擦鞋的地方了。忙掉转车头回去拿。大嫂问他包里有什么东西，他说有两千块钱等。他说，大嫂真是活雷锋，拾金不昧，应当谢谢他，大嫂说："你拿什么谢我呀！"他说："我给你 500 元。"大嫂摇摇头。他说给 1000 元，大嫂还是摇头。他干脆地说："2000 元都给你了！"大嫂说："我一分钱也不要你的，我只请你给我擦一次鞋"。他愣了一下，犹豫不决。大嫂说："你包里的照片我看了，我可以交给你家里"。他忙说："我擦！我擦！"正在给大嫂擦着鞋，大嫂的女儿放学出来了，忙说："妈，这是我们班同学的爸爸，他是局长，你怎么叫人家给擦鞋呀？"大嫂对女儿说："孩子，你一定要好好做人，学习成绩差不多就行，可品行一定要好。要不然，就是将来当了局长，也得给人家擦皮鞋！"这样的领导干部就应马上转变作风，改邪归正，他不守纪，却还不至触犯法律，不然会出大麻烦了。还有一个小品讲的就是涉及法律问题的了。

说来也怪，大多有腐败问题的领导干部，都愿意去拜佛，也不知道他信不信佛，许多都希望求神保佑他们。一个中年人带着儿子到寺庙里去烧香，他跪在佛像前低声念叨了一番，又叫七八岁的儿子跪下，叫他对佛许愿，告诉儿子，一定要说真话，不说真话就不灵！儿子跪下说："求佛祖保佑我爸爸，妈妈说爸爸拿了人家很多钱，如果被发现了，就要坐牢。请佛祖保佑，千万别抓我爸爸呀！"说着小男孩还哭了起来。

中年人一听，打了儿子一个耳光，“你胡说什么呀!”儿子说：“你不是叫我说实话吗?”他拉着儿子冲过围观的人，跑了。可他能跑到哪里去呢？他已经踩到了法律底线了，必然将受到法律的制裁。当然现实生活中，贪官不一定都被查处了。但是这样的领导干部是不会安安稳稳过日子的，甚至连睡觉都不会踏实，会半夜三更惊叫的，这样的人能感到幸福吗?

推销员感叹道：“要解决腐败问题，看样子实在是太难了！这也是个世界性的难题。”

老干部说：“世上没有不能解决的问题。困难很大，但事在人为。这个问题，要综合治理，要解决制度层面的问题，还要解决监督问题，更要解决世界观问题，即当官为了谁的问题。毛主席不是说了嘛，学习雷锋，要学习他全心全意为人民服务的好思想。正因为腐败问题很迫切，所以学习雷锋也更重要、更迫切。”

没有全心全意为人民服务的好思想，干了本职岗位应该干的工作，也觉得心里不平衡。河南省交通厅的一名厅长，在叙述自己的蜕化变质过程时说，看见一些人像变魔术似的成了腰缠万贯的“大老板”，而自己却带病坚持工作，风里来雨里去，强烈的不公平感、不服气，一下子如洪水猛兽，冲掉了他的理想和信念，使他产生了“吃苦不能再吃亏，受累不能再受罪，落一身病不能再落一身穷”的想法。因此他寻找一切机会利用手中的权力疯狂敛财，最终站到了被告席。

心理失衡会引发内在需要的产生，并由此指挥自己的整个身心来获得满足。很多贪污腐化分子都是因为有了对奢侈生活的向往，才对手中掌管的权力动了歪脑筋，渴望通过权力的运用获得自己想取得的一切。

马克思讲人的攀比心理时，提到一个非常经典的例子：“一座小房子不管怎样小，在周围的房子都是这样小的时候，它是能满足社会对住房的一切要求的。但是，一旦在这座小房子近旁耸立起一座宫殿，这座小房子就缩成可怜的茅舍模样了。这时，狭小的房子证明它的居住者毫不讲究或者要求很低；并且，不管小房子的规模怎样随着文明的进步而扩大起来，只要近旁的宫殿以同样的或更大的程度扩大起来，那么较小房子的居住者就会在那四壁之内越发觉得不舒适，越发不满意，越发被人轻视。”①

如果有雷锋的那种胸怀：“生活上向水平最低的人看齐，工作上要向标准最高的同志看齐”，那么，居住在小房子里的领导干部就会满足于住房的一般要求而毫不讲究或者要求很低；如果是患得患失的领导干部住在这座小房子里，肯定会越来越觉得不舒服、不满意，觉得被人轻视了，就要想方设法去捞一把。

说到底，还是没有解决为什么人的问题，所以在各种诱惑面前打了败仗。在有贪欲的官员面前，追求的就是钱，帮他往上爬的是钱，把他打败的也是钱。贪婪无止境，只要是开始了贪，就一发不可收拾。

过去，我们都津津乐道美国的麦道夫被没收了1700亿美元，折合人民币有1万多亿元，如果100万元装1箱，可装100万箱，一个人不停地搬，要搬10年。如果用100万元娶妻，可以娶100万个新娘，3000年才能和每个妻子见上一次面。如果把这个当笑话，在我国笑话也不少了。河北省的一名副厅级干部，贪污受贿数量很大，仅在汽车进口业务中就贪污了4000多万元，他的赃款要用汽车拉才行。公安人员在他家里使用厕所时，发现找不到手纸，到处都是钱，真是钱比不上手纸有用了。有一次开会，政府的官员说：“中国现在是国际储备世界第一，国际贸易世界第二，国内生产总值世界第三了。”紧接着纪委的官员说：“现在有些贪官，也是一二三，一个贪婪的老婆，若干个二奶，中间多少个第三者，真是手铐有你的一半，也有她们的一半。”

心存一点私欲，就会在行事中表现出来，全靠自我把握。很多成功的领导干部都归纳出这一条，就是把握机遇才能干成事，把握自己才能不出事。也有的干部出了事怨天尤人，怨朋友帮了倒忙，而不认真想一想自己怎样交朋友，交了些什么朋友？浙江温州市一名局长站到被告

① 马克思：《雇佣劳动与资本》，人民出版社1961年版。

席，后悔自己太讲哥们义气了。这些哥们儿使自己多了犯罪的机会，多了判刑的证据，多了上吊的绳子。他一开始只知道多一个朋友多一条路，而不分交的是什么德性的朋友。人们说他是“结交了一批不三不四的人，经常吃着不明不白的饭，酒席上说着不伦不类的话，最后干了不干不净的事”。

人生在世，谁没有几个朋友？有一首歌唱得好：“千里难寻是朋友，朋友多了路好走……结识新朋友，不忘老朋友……”可是交朋友一定要讲究交友之道，这些年来，从被法办的领导干部身上，能总结出一个交友不慎的教训。这叫交友丧德、交友失德。什么叫交友丧德、交友失德呢？就是以利交友，以权交友，以色交友。而以德交友，才能说是朋友多多益善。雷锋是一心为群众办好事，因而交了许多男女老少的群众朋友，他帮助了许多人，并没有指望得到他们什么回报，这许许多多的朋友，也都终生怀念着雷锋，传承着他的精神和美德。雷锋虽然不在了，但他的朋友依旧在各行各业，做着“活雷锋”。这才是真朋友。而现在有些领导干部一心和那些所谓“有关系”的人交往，殊不知这些人是有利可图，想在他身上有所得才和他交往的，是无利不起早的。领导干部交朋友一定要有个底线。

准公务员问：“什么是交友的底线呢？”

中年人说：“俗话说，君子之交淡如水。交朋友一定不要与权、钱、色有关。这就是领导干部心中始终如一要把握的底线。因为你是领导干部，就要在交友方面留这么个心眼，就要在心里有这根弦。紧防被那些‘不三不四’的朋友拉下水，干那些不干不净的事，被拖入罪恶的深渊而不能自拔。”

老干部说：“领导干部交友问题，归根结底还是领导干部的心胸问题，是为什么人的问题。只有像雷锋那样，树立了全心全意为人民服务的思想，有了这样宽广的胸怀，才能坚持‘亲君子，远小人’这一古训。如果千军万马考公务员的人的目的是在干部岗位上捞一把好处，就会自然而然地去交那些‘不三不四’的朋友，因为他们可以帮助其谋取私利。”

有一位军队转业干部，按照他的德才被安排在一个至关重要的岗位上，有机会接处到权钱交易。领导在讲话时对大家提出了要求，其余的人都走了，领导叫他留下来单独谈了一番话。他开始觉得奇怪，领导先祝贺他，然后告诉他，这个岗位上前两任处长都出事了，都被法办了，组织上非常关注这个岗位的人选问题，希望他能不负众望，干好工作，不要重蹈覆辙。“这当中，希望你最认真把握的，就是在交友上要十分谨慎。因为你手中有权，管钱，周围很快地就会聚拢一批巴结你、讨好你、拉拢你的人，这就是腐蚀你的客观条件。这就要看你怎样把握自己了。”这位新处长想了一晚上，决定从交友谨慎做起，立下几条规矩，要求自己，也要求家里人一起严格遵守。比如不在家里会客，不单独会客，等等。约法三章，在任五年中也有不少人说他不近人情。可他就这样坚持下来了。当他卸任时，对大家说：“不是我无情，在现在这样的环境中，要不犯罪，就要做到这几条，这样对自己、对家人、对工作都是十分必要的，也是真正负责的。”他还引用曾国藩的话：“一生之成败，皆关乎朋友之贤否，不可不慎也。”他说，“这五年，我也交了一些朋友，都给过我批评、提醒，甚至和我争辩的人，对我帮助很大，这些是诤友，是真朋友。看来事在人为啊。”

如果雷锋在世，在这样的社会环境里，也能这样办，也只能这样办了。

总之，我们坚信，正如毛泽东同志所说，我们应该跳出这个周期率，也一定能够跳出这个周期率！我们的民主之路，已经大大地发展了。在逐步完善民主选举制度的同时，将协商民主作为民主的形式之一，在国家权力和社会之间建立起了一座桥梁，增强政治体系的开放性和包容性，最大限度地反映民意，凝聚民智，维护人民的根本利益。两种民主形式结合起来，将有力推动社会主义民主的发展。在制度建设的同时，加强精神文明建设，提高执政党的干部文明程度，以雷锋为榜样，端正服务宗旨，我国的人民政权就会长期稳固，社会就会长治久安。

这时，两位青年人经过思考，都提出了这样一个问题：所有这些问题，究其原因都是个和思想道德有关问题，那么怎样才能具备像雷锋那样的好思想呢？雷锋是怎样形成全心全意为人民服务的思想，成为全国人民学习的榜样的呢？

第二章

榜样力量

雷锋

从雷锋成长过程中，我们可以清楚地看出，英雄模范人物，对一个青年的成长影响极大；还可以看出，当年各级党委和领导干部，为了培养一代新人、树立和宣传一个个先进人物所做出的努力。这是一条育人的成功经验。

上铺的准公务员问："雷锋到底是怎样成长起来的？他为什么与众不同呢？是历史和环境的偶然塑造了雷锋吗？"

老年人回答："榜样雷锋的出现，有多方面的原因，是社会环境的影响和个人奋发向上努力提高共同作用的结果。雷锋生在旧社会，经历过众多苦难，感受到新旧社会的巨大差别，对共产党和毛主席有深厚的感情，有很强烈的报恩思想，有贡献力量建设伟大祖国的激情；同时他十分爱学习，善于接受先进思想和先进人物的引领。管理学上有一条很重要规律：榜样的力量是无穷的。在雷锋成长过程中，英雄模范人物对他起了极大的影响作用。在雷锋的日记中，就记载了26位榜样，如黄继光、白求恩、邱少云、聂耳、方志敏、董存瑞、郅顺义、郑春满、韩英、向秀丽等等。这些榜样给雷锋思想境界的升华搭起了一个个台阶。"

小小雷正兴

雷锋从戴上鲜艳的红领巾开始，就听着辅导员讲革命烈士的英雄事迹，开始思考向什么人学习的问题了。在他的脑海里，时常呈现出刘胡兰、董存瑞、黄继光等英雄的英姿。每天戴红领巾时，他第一个意念就是：红领巾是红旗的一角，是革命烈士的鲜血染红的，一定要继承先烈的遗志，让红领巾的红色永远鲜艳。

当时雷锋在生活上的困难是极大的。在他十分无助的时候，为了能上学，难听的话他听得，糟心的事他忍得。只要能上学，委屈再大再多他都能吞在肚里。他向往英雄，崇尚坚强。困苦的生活没有难倒他，冷言冷语没让他止步，他反而用英雄的精神激励自己，更加奋发向上。他刻苦学习，成绩一直优秀，而且热爱集体，爱护公物，乐于助人。在他们班级的墙报上曾有一首表扬雷锋的诗，是这样写的："小小雷正兴（雷锋原名叫雷正兴），家里苦又穷。赶路十几里，早到第一名。学习他最好，活动他最行。大家学习他，争做好学生。"我们大家都知道雷锋当农民是个好农民，当工人是个好工人，当战士是个好战士，可不要忘了，他是从当学生是个好学生开始的，而且不要忘了他是一个从困苦当中挣扎过来的好学生。小学毕业了，他已经没有办法再上初中了，尽管他已考上了初中，他也只能留在乡里务农。

在小学的毕业典礼上，雷锋代表全体毕业学生讲了话：

"亲爱的老师、同学们：我们小学毕业了。很多同学准备升入中学学习。能入高一级学校学更多的知识，我十分羡慕你们。我呢？我决心响应党的号召，留在农村广阔天地里，做个新式农民，争取驾起拖拉机耕耘祖国大地，建设美好的社会主义新农村。将来，如果祖国需要，我就去做个好工人，为我国的社会主义工业化出把力。将来，如果祖国需要，我就去参军当个好战士，拿起枪用自己的生命和热血保卫伟大的祖国。同学们，让我们来一个不同岗位的竞赛吧！老师们，请你们看我的实际行动吧！"

听了雷锋的发言，乡亲们都称他是个很懂事、有远大抱负的孩子。

从冯健到白求恩

在雷锋参加工作后，他的第一个学习榜样是望城县的"养猪姑娘"冯健。1956 年秋天，雷锋当了县委的公务员（即勤务员）。在县委书记张兴玉家里，他第一次见到冯健，就被她的事迹吸引了。冯健本来考上了中等专业学校，恰遇国家需要大力发展农业，毛主席讲了，要多养猪，用猪肉换回钢铁，好建设伟大的祖国。而养猪又脏又累，乡里很少有人愿意干。冯健却主动要求回乡养猪，而且做出了突出成绩，被评为劳动模范。雷锋十分羡慕冯健摘下红领巾就加入了共产主义青年团，还这么年轻就加入了中国共产党，说自己摘下红领巾就什么都不是了。张书记说："你参加工作时间还短，求进步来日方长。"听说冯健受到了毛主席的接见，雷锋十分羡慕。雷锋也曾有过疑虑：国家主席会接见一位普通的养猪姑娘吗？雷锋曾听说有人猜想是毛主席的替身接见的冯健，于是雷锋反复问冯键大姐受毛上席接见的情景。冯健描述了被接见的情景，说："毛主席就是咱们湖南省湘潭县人，说一口湖南话，和我们拉家常，可亲切了。"雷锋相信了，共产党的领袖是人民的领袖，与国民党的官僚有天地之别。他真正认识到毛主席、共产党和人民同呼吸、共命运、一条心，加深了对共产党的热爱。

同时，雷锋从冯健的身上还领会到，当干部和养猪同样可以为国家作出贡献。雷锋曾在送冯健回乡下时问过她："当干部和养猪，哪个贡献大？猪可以叫别人去养，是吧？"冯健是当了干部任西塘高级社第二社长时，发现大家轻视养猪事业，县委号召了，还是发动不起来。她看这件事干部不带头是不行的，就提出不当第二社长了，去养猪。社里开始不同意，有些社员也说她出"风头"，家里人也说她疯了。这时她得到了县委领导的支持，张书记还特地送给她两本科学养猪的书。冯健开始带领两名社员养了 80 多头猪，猪养大了，收益多了，群众看在眼里，心都活了，都愿意养猪了。就这样，冯健把全社的养猪事业带动起来了。冯健对雷锋说："小雷呀，你说养猪的贡献小吗？"雷锋的优点是见先进就学，这是有名的，从此雷锋下决心向冯健学习，干好自己的本职工作，用实际行动为共产主义事业奋斗终生。此时，一个本分老实而幼稚的青年幵始向有理想、有抱负的有志青年转变。

县委张书记送给冯健和雷锋每人一本吴运铎著的《把一切献给党》，还给他们讲述前苏联作家奥斯托洛夫斯基写的《钢铁是怎样炼成的》一书，勉励他们好好看书，向吴运铎和保尔学习，做把一生都贡献给伟大理想的人。

雷锋在家乡时曾读过两遍《卓娅和舒拉的故事》，在农场时每天都抓紧一点一滴的时间去读书，并和工友多次讨论两位苏联英雄的伟大人生对自己的影响，决心向他们学习。他读了《钢铁是怎样炼成的》。在去辽宁省鞍山当工人的火车上，雷锋还和伙伴们讨论过《钢铁是怎样炼成的》。开始有人发现他带这本书，不知内情，还开玩笑地说过他，还没到鞍钢，就开始研究炼钢技术了？引起一阵大笑。前苏联作家奥斯托洛夫斯基在卫国战争中受了重伤，双目失明。可是他没有灰心，没有气馁，没有被疾病和失去朋友所打倒，他在黑暗中，克服重重困难，终于写出了惊世之作——《钢铁是怎样炼成的》，用激情和智慧成功塑造了保尔·柯察金这个时代英雄。书中深含的对人生价值的思索，引起了雷锋心灵上的共鸣，开启了雷锋这块好铁百炼成优质钢的人生成长之路。

雷锋于 1960 年 1 月 8 日参军入伍后，读的第一本书是《黄继光》，他后来又多次重读了这本书，并写了日记："《黄继光》这本书，我不止看过一遍，而是含着激动的眼泪，一字字一句句地读了无数遍，甚至我能把这本书背下来。我每当看完一遍，就增加一分强大的力量，受到的教育也一次比一次深刻……现在我是普通一兵，对党和人民没做出什么贡献，但是我有决心，永远听党和毛主席的话，紧紧跟着党和毛主席走，永远忠于党、忠于人民，兢兢业业为党工作一辈子，老老实实为人民服务，坚决完成黄继光未完成的事业。我随时准备着献身祖国，必要时，我一定像黄继光那样，贡献自己的生命，做祖国人民的好儿子。"他看的第一部电影是《董存瑞》，之后又读了《刘胡兰》。他在日记中表明决心，向这些英雄学习，为了祖国和人民事业，宁肯牺牲自己的一切，也不会屈服于任何敌人，不怕任何艰难险阻。在读了《为人民服务》、《纪念白求恩》等毛泽东主席的著作后，他崇敬张思德、白求恩等英雄人物，他对什么是全心全意为人民服务，有了进一步的理解。

影响雷锋的还有沈阳军区和雷锋所在同一工程兵部队的先进人物。1961 年 2 月 3 日，雷锋到辽宁省海城作报告，下午，雷锋专门拜访了董存瑞的战友、战斗英雄郅顺义，向他详细了解董存瑞的英雄事迹。郅顺义抚摸着雷锋的头，紧紧地握着雷锋的手，问他多大年纪，什么时候入伍的？给他倒了一杯茶，叫他坐下，给他讲了董存瑞牺牲的过程：

"董存瑞是六班的班长，我是七班的班长。在 1948 年 5 月 25 日打隆化县城的时候，董存瑞在爆破组，我在突击组，我们的任务是要去炸掉敌人的四个碉堡和五个地堡。我们两个组牺牲了六个人，每组只剩下两个人了。董存瑞对我说：'就是剩一个人也要坚持战斗，不完成任务不回队！'在炸最后一个碉堡的时候，董存瑞举着炸药包，炸掉了敌人的碉堡，完成了战斗任务，我敬爱的革命战友董存瑞就这样为党的事业而光荣地牺牲了。”

雷锋的心灵为董存瑞的英勇气概所震撼，下定决心向董存瑞、郅顺义学习，学习他们革命的坚定性和革命英雄主义。在1961年2月3日的日记中，雷锋写到：“我听到老英雄讲完董存瑞的英雄事迹后，我的心像大海的浪涛一样，久久不能平静，我感动得满眼热泪直掉。董存瑞对敌人万分的愤恨，对党和人民无限的忠诚，在战争当中，英勇顽强，丝毫不畏缩，为人民的解放牺牲自己。董存瑞英雄是我永远学习的好榜样，我一定要为党和阶级的崇高事业，随时准备牺牲自己的一切，直至生命。”

在与神枪手雷凯相处的短短一个星期的时间里，雷锋反复请教雷凯如何精练射击技术，学习他对工作精益求精的态度。

到长春出差时，雷锋专门向廖初江等学习毛主席著作的标兵请教如何联系实际学习毛泽东著作，用学习促进工作和思想改造。为了纪念与廖初江的相识，他特意穿上廖初江的皮大衣，照了一张灯下学习毛著的照片。

雷锋向英雄模范人物每请教一次，都会经历一次内心的反思。找差距的过程，也是雷锋的思想境界又一次得到升华的过程。而这个一步一步成长的过程，都记录在雷锋的日记中，通过那些有哲理的语句，雷锋是怎样成长的才能为我们后人所知。

“白求恩，也是雷锋成长过程中的重要榜样。他多次读毛主席的《为人民服务》、《纪念白求恩》、《愚公移山》，当时被称为‘老三篇’，思考如何像白求恩那样做‘一个高尚的人，一个纯粹的人，一个有道德的人，一个脱离了低级趣味的人，一个有益于人民的人’。”老干部说。

白求恩是个什么样的人？可以说，很多中国人都是知道了白求恩之后才知道有加拿大这个国家的，而在加拿大很多人是知道了中国才知道白求恩的。这句话有点绕嘴，可事实就是这样。因为白求恩一生中大多数时间是在战火中度过的。

白求恩自幼多才多艺，具有美术和音乐方面的天赋。他还喜欢科学，中学时成绩最好的课程是生物。但初中毕业后，他考了当时很不出名的安大略省的欧文桑德专上学院，读医学。原因是当时家庭经济状况差，负担不起其他学院的学费，而上这所学院，可以边打工边上学。在读书期间，白求恩当过伐木工、中学代课教师、轮船锅炉工、消防员、餐厅侍应生和报社记者。从专上学院毕业的第三年，即 1909 年，白求恩考上了多伦多大学胸外科专业，又是边打工边上学。大学毕业后，白求恩在从医过程中感到医学已经走进了死胡同，成为随行就市的商品，只有有钱人才能享受，需要有一种全新的、普遍保护全民健康的医学理念。于是白求恩对妻子弗朗西斯说，自己要放弃名医所有的一切，到人民中间去，并呼吁改变整个医疗制度，建立覆盖全民的福利医疗。他跑到蒙特利尔失业者协会，免费为穷人治病。这期间，他接触到了共产主义者团体，并在 1935 年夏天获得了去列宁格勒参加国际生理学大会的机会。回国后，在 1936 年 7 月，白求恩组织了一百多名医务工作者，组成了“蒙特利尔人民保健会”，提议在魁北克全省推行“适于全体劳工的强制保健体系”，失业者则由政府提供义务医疗。今天在加拿大，许多人将白求恩视作加拿大保健体系的倡导者之一。这期间，白求恩加入了加拿大共产党。次年，西班牙爆发战争，白求恩到西班牙参战，他努力救死扶伤，并巡回到欧洲、北美，为西班牙募集资金，谴责英、法、美的漠视。西班牙共和派在战场上的失利和内战的残酷，使白求恩饱受创伤。1937 年他回国后，到处演讲，试图唤醒那些沉睡的人们。得知中国抗日战争全面爆发，他积极要求参战，受加拿大劳工进步党和美国共产党的派遣，通过宋庆龄“保卫中国同盟”的渠道，于 1938 年 1 月 2 日，搭乘“日本皇后”号轮船从温哥华启程赴中国，开始了一段中国人非常熟悉，而加拿大人非常陌生的新生活。可见，白求恩的一生都是在为广大群众着想，为人民排忧解难的。

白求恩在医学专业领域的成就也是为同行们认同的。他的专业是胸外科，在这方面有 14 篇论文，发表在国际知名的专业学术刊物上。他发明过一系列的专业手术器械，其中最著名的是“白求恩肋骨剪”，是他受到皮鞋匠修鞋钉工具的启发而发明的。1931 年夏，白求恩和美国费城皮临父子公司签署了特许专利协议，后者负责全权制造和销售由白求恩发明，并以“白求恩器械”命名的外科手术器械，共有 23 种，其中有一些至今仍在广泛使用。在西班牙期间，白求恩创制了流动输血车和野战伤员急救系统，被认为是今天各国军队普遍采用的野战外科医疗方法的雏形。在中国期间，白求恩极力在晋察冀根据地普及正规医疗体制，但是他创建的五台山松岩口模范医院建成 5 天就被迫关闭，后被日军焚毁。这促使白求恩下决心创造一套可用人背马驮、适合游击战环境的流动外科医疗设备。在晋察冀根据地，白求恩创造了用普通铁匠、木匠土制医疗器械动手术以及在药箱上做手术的奇迹，也曾在 69 小时内动外科手术 115 起，创下了当时的世界纪录。

加拿大是最早和中国谈判建交的西方国家之一，但这一过程是一波三折，直到 1976 年才正式建交。1973 年加拿大总理特鲁多访问中国，加拿大人惊奇地发现，有个加拿大同胞在中国具有极高的声望，自己却一无所知，便刨根问底。就在这一年，加拿大联邦政府购买了白求恩出生地故居（白求恩在这里只住到 3 岁多），并在邻街另买了一座白色小楼，建成了白求恩纪念馆，1976 年正式对外开放。许多参观者在留言簿上写到，白求恩救死扶伤，并为加拿大人的福祉作出了不可磨灭的贡献，有人还列举了白求恩在结核病防治、输血安全、贫民福利等方面的贡献。只要中国人到了那里，不等开口，就有人直指白求恩故居的方向。加拿大人民重新认识了白求恩，纪念物多了起来，约克大学白求恩学院、安大略省士嘉堡白求恩中学也相继建成。1990 年 3 月，白求恩百年诞辰，加拿大和中国同时发行了设计完全相同的纪念邮票。的确，白求恩是一生为人民奋斗不息的楷模。

要到北京去见毛主席

“对雷锋影响最大的还应算毛主席呀！”中年干部说。

在雷锋的成长过程中，还有在他头脑中形成的崇高的学习榜样和追求的目标。1958年11月，雷锋率先报名当上了工人。在报名时将自己的名字雷正兴改为雷锋，他对同伴说，决心争当工人阶级先锋。路过北京时，雷锋在天安门前照了相后，问站岗的战士："毛主席是不是在天安门上？我想见毛主席。"当听说要做出突出成就才能见到毛主席时，雷锋下定决心，一定要用自己的实际行动做出成就，一定要到北京去见毛主席。雷锋几次在梦中见到毛主席，醒来后，都在思考，如何做出成绩去见毛主席。1959年10月的一天，雷锋在睡梦中见到了毛主席，他在第二天的日记中写到："我在昨天晚上做梦就梦见了毛主席。他老人家像慈父般地抚摸着我的头，微笑地对我说：好好学习，永远忠于党，忠于人民！我高兴的说不出话来了，只是流着感激的热泪！早上醒来，我真像见到了毛主席一样，浑身是劲，总觉得这股劲，用也用不完……我一定争取实现自己最美好的愿望，真正见到我们最伟大的领袖毛主席。"毛主席在雷锋心中就是一个光辉的榜样，是全国人民的福气，是大功臣。雷锋入伍以后《解放军画报》上刊登了雷锋的照片，接着又刊登了毛主席看雷锋事迹的照片，战友们说："雷锋，你没见到毛主席，可毛主席已经见到你了！"雷锋在头脑里已经有了一个奋斗的目标，这就是全心全意为人民服务，就是做毛主席讲的五种人——一个纯粹的人、一个有道德的人、一个脱离了低级趣味的人、一个毫无自私自利的人，一个有益于人民的人。

正是这一个一个榜样的影响，正是雷锋心中有全心全意为人民服务的目标，雷锋终于达到了见毛主席的条件。人们有理由相信，雷锋如果活着，会多次因为做出突出成就而见到心中日夜想念的毛主席。

向榜样们学习

"从雷锋成长过程中，我们可以清楚地看出，英雄模范人物，对一个青年的成长影响极大；还可以看出，当年各级党委和领导干部，为了培养一代新人、树立和宣传一个个先进人物所做的努力。这是一条育人的成功经验。"老干部说。

中国共产党的领导都十分重视用榜样来引领青年人前进。毛泽东亲自发动全国学雷锋的活动，认为“雷锋值得学习啊！向雷锋学习，也包括我自己，我也要向雷锋学习。”他观看沈阳军区抗敌话剧团演出的话剧《雷锋》，并同演职人员合影留念，两次为雷锋题词，号召全国人民特别是领导干部要向雷锋学习。毛主席还指出学雷锋的内容，怎样学习雷锋，特别突出强调要学习雷锋全心全意为人民服务的精神。毛主席在杭州会议上专门讲了要向雷锋那样，把哲学从哲学家的课堂上和书本里解放出来，让它变成广大老百姓的锐利的思想武器。他说：“雷锋的日记中，有很多很好的辩证法的观点和语言，比那些死读书的大学生的论文强多了。雷锋的哲学思想是从哪里来的？还不是从为人民服务的丰富多彩的具体实践中来的！雷锋为群众办了那么多好事嘛！”

时任国家主席刘少奇在为雷锋的题词里第一个称雷锋精神是共产主义精神。并对青年的成长寄予厚望，希望广大青年以雷锋为榜样，像雷锋那样学习和生活。刘少奇在一封给自己女儿的家信中集中表达了这个愿望。他希望女儿“认真思考一下，你到底要做一名什么样的青年？……在我们社会主义中国里，大多数青年都是有一定的社会主义觉悟的，但是仍有先进的青年、一般青年和落后青年之分。整天想不费力气、不费脑筋，而又能吃得好些、穿得好些、玩得好些。看来似乎最讨便宜、最享福，但实际上这样的落后青年是最苦恼的。他们没有远大理想，不去关心别人，只知道吃穿玩乐，只知道计较个人得失，不仅当前不会心情舒畅，将来也不会有前途的。他们经常处于苦闷和困惑中，在困难的复杂的阶级斗争环境中，在某些关键的时刻这样的人就可能变为反对共产党、反对人民、反对社会主义祖国的坏分子。……我们认为根据你自幼受党的抚育和身体健康状况、智力条件等因素，你不应当安居于中游，不应当马马虎虎地度过你的青春时期，我们希望你能有决心做个进步的革命的青年，做个具有远大共产主义理想、具有雷锋似的平凡而伟大的共产主义精神的青年。这样，才能够真正继承革命前辈的伟大事业。……雷锋是全国人民学习的榜样，更是青年人的楷模。你要像雷锋那样刻苦学习，热爱劳动，虚心学习别人的优点长处，关心集体，关心国内外大事，并要注意锻炼身体，要有强健的体魄，这样，将来党和人民需要你时，你就可以做好一切工作。当然要做到这些是会有许多困难的，要有吃苦耐劳的精神，要有任劳任怨的精神。……雷锋之所以伟大，就是因为他将自己的一切完全奉献于伟大的共产主义事业，奉献于建设祖国的事业，只要你有了这种精神，就什么困难都能克服的，就能为党为人民为国家作出应有的贡献。只要你真正做一名进步的革命青年，永远听党的话，以雷锋为榜样，严格要求自己，管束自己，老师、同学和父母都会喜欢你的。党和人民也会喜欢你的。……如果你认为我们的意见是对的，那么从现在开始，你就要以一个优秀的共青团员的标准来要求自己，就应该时时刻刻用雷锋精神激励自己。团员们能做到的事，你都要做得到，自己做错了事，要勇于改正错误。这样，等你满15岁后，团组织就一定会欢迎你成为一名光荣的共青团员的。我们的社会就会再增加一名有用的青年的!”这是一份特殊的生日礼物，也是对青年的殷切希望，更是国家领导人对雷锋精神的进一步肯定和极力推崇，雷锋理所当然地应成为全国青年的榜样!

现在我们把雷锋作为学习榜样，对今天的青年人，同样可以起激励作用；今天领导干部，同样应重视培养各类典型，使青年人学有榜样，用以引导青年人健康成长。20世纪，在领导干部中焦裕禄就是一位了不起的楷模。

在我们国家，现在提起焦裕禄，仍是人人敬佩。这是我们党在推出雷锋这个重大典型后，在全国大力宣传的又一典型人物，所不同的是，雷锋是一个平凡的战士，而焦裕禄是党员干部，是一位县委书记。焦裕禄时任河南省兰考县的县委书记，任职1年零3个月。20世纪60年代，他领导兰考全县几十万人艰苦奋斗，栽种泡桐树，治理荒沙，力求改变贫穷落后的兰考县的面貌。患了肝病后，他不顾疼痛，用笔尖顶着疼痛部位，坚持工作，每天访贫问苦，为群众排忧解难，深受群众的拥护和爱戴。风雨交加的夜晚，给贫困户送衣被和粮食。有一家贫苦的老两口相依为命，老大爷卧床不起，老大娘双目失明，焦裕禄送去了衣被粮食后，把自己身上的仅有的几十元钱也给了他们，老大娘从头到脚把焦裕禄抚摸了一遍。每年到焦裕禄逝世的那一天，总有很多人纪念他。据报道，近几年，每到清明节，都有一位双目失明的老大娘，让邻居用小推车推着到焦裕禄的墓前，一面摸索着烧纸，一面说："孩子，你在另一个世界，有没有钱花？大娘现在日子好过了，俺给你送钱来了！"周围的人看了，没有人说她迷信，也跟着她一起感伤。还有的农民趴在墓上，把20支香烟都点着了："焦书记，你过去抽烟没有好烟……"这些都是真实的历史。现在的年轻人没有经历过当时的场面。当年焦裕禄的事迹，是由中央人民广播电台著名播音员夏青同志播送的，听到广播，人们都被吸引住，停下了手中的活儿，骑自行车的也下了车，满街的人，一边听一边流泪，实在感人。人民群众感到焦裕禄这样的领导干部是自己的贴心人，老人感到焦裕禄是比自己的儿女还要亲的亲人，年轻人将焦裕禄视为自己崇拜的引路人。

当时有一首赞颂焦裕禄的歌："焦裕禄啊，我们的好书记，你就像那泡桐树巍然挺立，挡荒沙，抗洪水，无比坚强，不怕苦不怕难从不为自己。学习你呀，心里装着全体人民，学习你呀，高高举起毛泽东思想红旗。"每当唱起这首歌，人们心里都热乎乎的。多少干部从这首歌里汲取了激情和力量，成长为优秀领导干部。

说起焦裕禄，可以说当年宣传他的过程本身就是感人的。为什么这么说呢？当时记者到河南省兰考县去，本不是专程去了解焦裕禄的事迹的。而是在与群众谈起治理沙漠化土地时，谈起栽种泡桐树时，每个人都是流着泪谈话，止不住地哭，把记者都惊呆了，这才知道在兰考，在老百姓心里，有一位不能不说的县委书记。以至于新华社的著名记者穆青立刻赶到兰考县进行采访。整个采访是在泪水和哽咽声中进行的，百姓在流泪，记者在流泪，稿纸湿润了，字迹模糊了。报告文学发表以后，全国人的心被震撼了，影响一直到今天，魅力不减。

毛主席还树立了许多在和平环境中坚持艰苦奋斗的典型，用以激励全国全军。

部队官兵从战场到闹市，是一个很大的转变，也是一场严峻考验。在上海这个"大染缸"里，就有这么一支英雄部队。他们是解放军某部八连，他们同样是全国学习的榜样。从硝烟弥漫的战火纷飞的战场，来到花花绿绿的上海，驻守在南京路上。当时有人断言，共产党红着进来，将要黑着出去，意思是共产党抵挡不了糖衣炮弹的攻击。几十年过去，八连，没有被染黑，他们仍然保持着勤劳勇敢、艰苦朴素的本色，身居闹市，一尘不染，博得人们的交口称赞。国防部授予他们“南京路上好八连”的光荣称号。这让毛主席欣喜万分，“好八连”的作风正是他一直倡导的社会主义新人新气象的一个缩影。1963 年 7 月 29 日，毛主席在北京观看了话剧《霓虹灯下的哨兵》，8 月 1 日建军节那天，他写下了一生中唯一的一首民歌体的杂言诗：

“好八连，天下传。为什么？意志坚。为人民，几十年。拒腐蚀，永不沾。因此叫，好八连。解放军，要学习。全军民，要自立。不怕压，不怕迫。不怕刀，不怕戟。不怕鬼，不怕魅。不怕帝，不怕贼。奇儿女，如松柏。上参天，傲霜雪。纪律好，如坚壁。军事好，如霹雳。政治好，称第一。思想好，能分析。分析好，大有益。益在哪？团结力。军民团结如一人，试看天下谁能敌。”

也许习惯于读毛泽东诗词的人不适应这种杂言诗，但对毛泽东来说，也许感到只有用部队战士喜闻乐见的快板诗、民歌调，才能表达他的欣喜之情。

与其说毛泽东是在歌颂好八连官兵，不如说是他在构思他心中的社会主义新人的形象。社会主义新人就要“不怕鬼，不怕邪”，不怕帝国主义的威慑，要在政治、军事、思想、纪律等方面达到新境界，而这一切，都首先要拒腐蚀、永不沾，这样才能称为中华“奇儿女”。这是毛主席为全国树立的又一个榜样，一个英雄的群体楷模。

在那个激情的年代里，年轻人心目中都装着这样一个个崇高的人物，作为自己效仿的偶像。这些偶像鼓舞着年轻人健康成长，从而又涌现出一批批先进人物。王杰、欧阳海、刘英俊，向秀丽、门合、朱伯如、许虎、李素丽、孙茂芳等等，数也数不清。

新时期，我们在学雷锋活动中，要十分注意学雷锋的爱和善，这是雷锋之所以受到人民爱戴的根本原因所在，也是“为他人着想，助他人为乐”被普遍认可的原因。如果只去学雷锋做几件好事，不是发自内心的热爱人民，那是不能持久的，也不是甘心情愿的，是不自然的。我们观察那些真正打动我们心灵的“活雷锋”，无一不是胸怀大爱的，无一不是点滴行善的。“当代雷锋”郭明义，16 年从不间断为失学儿童和受灾群众捐款，20 年雷打不动，累计 55 次献血。还有朱伯儒、许振超、徐虎、阿里木、丛飞、杨善洲等等，他们的爱心和善举深深感动了亿万人民，才成为全国人民学习的楷模。

榜样的差别

“现实生活中的干部，尤其是年轻的干部，心中还有没有一位这样深深影响着自己的榜样，能指引他们向更高的水平进取，而不是只满足于完成手中的工作，或一心只为个人奋斗呢?”老干部提出疑问。

现在很多年轻人也有偶像，但大都是昙花一现的人物，没有深刻内涵只有虚荣的外表，在价值观上无法令人仰慕的，年轻人轻易地崇拜了这样的偶像，不但不会鼓舞进步，反而会贻误青春。每个年轻人值得好好思考，在自己的生活工作中，在自己的人生旅途中，有没有目标，应该向谁看齐?

例如有的女青年，所崇拜的偶像是个唱歌的歌手，自称无对象，他走到哪里，都被众多的女孩子围得水泄不通，签名、拥抱，被他开的车溅起的泥水弄脏的衣服，都被一些女孩子收藏了。等媒体披露出消息说，他的孩子已上学了，令多少女孩子情感上一落千丈。这样去寻找偶像，对自己的人生有什么意义!

而各级领导干部，则应多想一想：从当年雷锋成长的过程中应悟出点什么，如何给年轻人创建一个健康成长的良好环境和氛围，如何用自己的心血去培养人才?

在培养和树立榜样，引导青年人进步这个十分重要的工作中，党组织和领导干部起到第一位的作用。可能有的领导干部认为这只是一个工作方法问题。岂知这个方法对祖国的未来，有和没有是大不一样的，是举足轻重的原则问题。这里除了青年人的人生需要榜样来仿效外，还有一个原因，即在整个成长过程中，都有消极因素在影响着他们，这是不容忽视的。过去被称为是“你死我活的斗争”，就是和我们争夺青年一代的斗争；现在看，我们很多人是不把这看成问题了，而客观上看，对方的争夺战并没有停下来，说是不存在争斗，只是我们队伍中一些人过于乐观的想法，是一相情愿的。

我们可以看一看六十年前美国中央情报局专门针对中国青年人提出的工作方针，看一看这么多年以来，他们有没有停止过这项工作？这个方针被称为“十条戒令”。

“十条戒令”是美国中央情报局1951年的行事手册中针对中国的部分。虽然已经60年了，但如果说美国早就停止使用了，我们千万不要相信，只能说他们在此基础上更加完善和丰富了对付中国、争取中国青年的行动。可能现在不只是十条了，而是一百条了。肯定有更符合当代情况的战略措施了，但不能说“十条戒令”中的措施都已停用了。不仅不会停用，在有些方面更加强了，并且已获得了成效，尝到了甜头。我们来看一下前三条：

第一条：尽量用物质来引诱和败坏他们的青年，鼓励他们藐视、鄙视、进一步公开反对他们原来所受的思想教育，特别是共产主义教条。替他们制造对色情奔放的兴趣和机会，进而鼓励他们进行性的滥交。让他们不以肤浅、虚荣为羞耻。一定要毁掉他们强调过的吃苦耐劳精神。

第二条：一定要尽一切可能，做好传播工作，包括电影、书籍、电视、无线电波和新式的宗教传播。只要他们向往我们的衣、食、住、行、娱乐和教育的方式，就是成功的一半。

第三条：一定要把他们青年的注意力，从以政府为中心的传统引开来。让他们的头脑集中于：体育表演、色情书籍、享乐、游戏、犯罪性的电影，以及宗教迷信。

这十条在我们看来都不堪入目，但这就是美国当权者给中国青年人设计的一条人生道路、一种生活方式；通过这条道路、这种方式，给中国青年人树立了不少“榜样”，吸引、鼓励青年人去消沉、颓废，让中国青年崇尚西方的价值观，羡慕和奢望西方的利益观，以便使中国成为美国的附庸国，用以夺取或掌控中国的未来。

新中国成立以来，美国真是这么干的。改革开放以来，历届美国政府更是这样干的！

而在他们国内，他们可不希望自己的青年人颓废、消沉，而是要他们忠诚、勤奋和坚定不移地维护美国的国家利益。所以他们也少不了向美国青年推崇雷锋精神。

随着夜幕降临，交谈暂时停下，众人躺在床上，各自沉思。

准公务员听了老干部的话，确感惭愧，自己曾追求的美国精神，原来是美国人影响中国青年的武器。而焦裕禄、白求恩、雷锋，虽然经常挂在嘴上学习，却不曾真正去了解。如今自己即将成为一名公务员，看来必须重新认识这些榜样人物，不受外来思想的左右。

推销员则想到他的孩子。随着孩子一天天长大，如何能让他健康成长，已是自己毕生所求。看来要给孩子多讲讲雷锋的故事，让孩子有一颗向榜样学习的心，将来成长为一个积极向上的人。

而在推销员下铺的中年人，再次听到焦裕禄的故事，想起自己年轻时，曾到农村稿社会主义教育，在社员大会上宣讲焦裕禄的事迹，当时台上的自己哽咽数次，台下的听众也不住的流泪，是真的为这位好干部的事迹而感动，为好人的离去而惋惜。焦裕禄的事迹激励了自己很多年。如今，他不敢说能不能做下一代的榜样，只说能不能带好头，能不能让手下的干部都积极工作。这就是值得他好好考虑的问题。

那么，在雷锋的成长过程中，我们的各级组织和领导干部是怎样做的呢？

第三章

心血凝聚

雷锋

人才成长过程中有个“效应场”。在高能为核的共生效应中，包括众望所归的带头人和良好的成长环境；在相沿成链的师承效应中，有名师名家的引导；在尚贤效应场中，有识才用才的护才之魂。

夜间行车。

深夜两点，列车被分解成四段，已经开上了渡海的轮船。过了一会儿，轮船起航了。旅客们都没有睡，多数人都是第一次观看火车过大海，想看个明白，火车是怎么样上船的，很多人是带着疑问和好奇，起来趴在窗户上看着。

中年干部说："这火车上船，到了对岸下船，这两个转换过程是怎么办的啊？怎么能保证对准铁轨呢？"

"对呀，既要方向对头，又要高低适当才行，因为要过琼州海峡，有大海涨潮落潮的影响，有时水位高，有时水位低，船是会上下升降的，对不正可不行。"准公务员也表示了相同的疑问。

老干部说："这肯定要有科学的计算，要有人去预测和调整，才能保证上下左右对齐。这正如青年人在成长过程中，要有人来帮助他们，把正方向。有了目标，就有了前进的方向，而在前进的路上，总会有坎坷和困惑，这时除了自身有坚定的信仰以外，还需要有支持与辅助，及时去调整好方向，给予鼓励；否则，就会走弯路、走偏路，失去信心，停滞不前，甚至摔跟头。"

推销员和准公务员都下意识地点点头，然后提出了这样一个问题："人无完人，谁都曾出过错，从不成熟到成熟，那么，是谁帮助一个普通的孩子成长为伟大的雷锋？"

老干部说："雷锋本来和其他大多数青年人一样，而且曾流浪过、乞讨过。可他没有那些乞讨儿身上所有的孤独、自卑、怨气等毛病。他阳光，有激情。在那个激情的年代里，像一把火一样燃烧着；当然他也有自己的弱点，也有要不断地克服缺点。而雷锋是幸运的，他遇上了一个个优秀的领路人。”

于是，老干部讲述当年各级党组织、领导干部对雷锋的领路引航。

雷锋的领路人

正像学生要有导师引导一样，青年人的进步也必须有好的领路人。在学校里，这个领路人叫导师。在高等学校或研究机关中，指导人学习、进修、写学术论文等的教师或科研人员，叫做导师。而在革命事业中，导师是奠定革命理论、制定革命路线、指引革命方向的领导者。

县委书记张兴玉和团政委韩万金等领导同志就如导师一样，对雷锋的成长、成熟起到领路引航作用。

当然，雷锋的第一个领路人应该说是地下党员，新中国成立后担任望城县荷叶坝乡乡长的彭德茂。他既是雷锋的救命恩人，也是雷锋的第一位老师。在雷锋上山砍柴被地主婆砍伤了手时，在雷锋后背生了疮带病沿街乞讨走投无路时，是彭德茂救了他的命。彭德茂告诉雷锋，共产党和解放军很快就要来了，只有共产党和解放军才能救穷人出苦海，使小雷锋心中看到了一丝生命的希望。在彭德茂的引导下，小雷锋勇敢而机智地参加了到附近镇上张贴传单的工作，体会到为迎接解放军而冒险干事的乐趣和快乐。新中国成立后，彭德茂领导土地改革，他提出给雷锋分田分房，使雷锋有房住、有衣穿，他还启发雷锋永远不忘共产党的恩情。

1950 年，彭德茂送雷锋上小学，并免去雷锋的学费，使雷锋懂得了为了社会主义建设，一定要努力学习。小学毕业后，远房亲戚已无力供雷锋上中学。恰逢党中央、毛主席号召发展农业生产。雷锋在小学毕业典礼上表示响应毛主席的号召，参加农业劳动，建设社会主义新农村，彭德茂安排雷锋当了记账员，后来又推荐他到县里当公务员（即勤务员）使雷锋有了做人的尊严，有了生活基本的条件，有了进步的良好开端，有了一个“大家庭”。

在雷锋的思想和灵魂上给予重要启迪的第一位导师是张兴玉。在雷锋心目中，张兴玉既是县委书记，又是自己的父辈，是老师又是亲人。

雷锋知道，县委书记张兴玉是山西人，从小参加革命，大军南下的路上，30 岁的张兴玉被派到望城县任县委书记，雷锋对张兴玉十分敬佩。雷锋认为他是北方人千里迢迢来望城县为老百姓谋福利的，是共产党的形象代言人。张书记下乡，戴草帽、别镰刀，弯着腰，在田里和农民一起插秧，看不出谁是农民，谁是书记。在插秧过程中，张书记和农民聊天，无话不说。听说这个村子里有一家人穷得揭不开锅了，张兴玉就带着雷锋去看望贫困家庭，把自己身上的钱都拿出来，叫贫困户买猪，养猪可以攒点钱，使日子逐渐好起来。雷锋这时也下意识地掏自己的衣兜，将一点点零钱拿了出来。雷锋感受到的是，共产党的领导干部和老百姓是一家人。从县委书记张兴玉身上，雷锋得出一个结论：旧社会的县太爷和共产党的县委书记是没法比的。从他身上，也从张书记带领的县委一班人身上，雷锋感触到一种全新的人际关系，雷锋正是这种人际关系的受益者，是最大的受益者。雷锋也逐渐融入这种人际关系中，成为付出者。

张兴玉的行为潜移默化地启迪着雷锋，深入浅出的语言也影响着雷锋。一次下乡，张兴玉发现雷锋边走边用脚踢一颗螺丝钉，张兴玉立刻叫他拣起来，看了看，发现这颗螺丝钉还能用，就放在口袋里了。看雷锋不以为然的样子，张兴玉说：“这是颗可以用的螺丝钉。全国有近五亿人，如果我们每个人都见了螺丝钉就踢，会踢掉什么，如果每个人见了螺丝钉都拣起来，会拣回来什么?”后来有一次雷锋去县农机修理厂办事，张兴玉叫他顺便把这颗螺丝钉送给厂长，并告诉雷锋：“这颗螺丝钉虽然很小，但是安在机器上，就会发挥作用。干工作也是一样，比如你当公务员，每天干的虽然是一些琐碎的事情，但也是整个革命事业不可缺少的一部分，就像机器上的螺丝钉一样。”一颗螺丝钉，张兴玉让雷锋明白了两个理念：一个是勤俭节约、艰苦创业的观念，一个是个人必须融入集体才能发挥作用的观念。

雷锋从张书记这段话中受到的启迪，经过雷锋的体会并升华，成为他终身受用的精神财富，这就是现在人们熟知的雷锋精神之一——“螺丝钉”精神。通过后来的传播，这颗小小的“螺丝钉”已辐射到四面八方，影响亿万人民。雷锋从这时起，已开始书写着自己伟大的人生。

张兴玉引导雷锋进步，最重要的是帮助雷锋学会读书、学会学习，以此点亮雷锋的心灵。当然，张兴玉对雷锋的教育，并不是只对雷锋一个人。开始是在书记与冯健等先进青年的谈话时，还未满 16 岁的雷锋站在一旁听着，一起受到教育。书记送给冯健书籍和笔记本，同时也送给雷锋一套。雷锋接过这些书籍后，十分认真地学习和思考。送给雷锋的笔记本，雷锋就用来写读书心得体会。张兴玉看了雷锋的几篇心得体会，觉得雷锋想得很细很深，更加喜欢雷锋了。

张兴玉有意识地给雷锋创造展示才能、积累才干的机会和舞台。在发动全县人民治理被老百姓称为“害河”的沩河时，雷锋听了张书记和赵阳城副书记的动员报告后，立即要求到第一线去。开始县委办公室的领导同志不同意他去，要他留在县委机关为张书记等领导服务。而张兴玉却积极支持雷锋的请求，满足了雷锋的愿望。在治理沩河指挥部，县委副书记赵阳城任总指挥，他也为雷锋创造了贡献力量的机会。雷锋这个通信员在治理沩河的工程中展示自己，抢着干急难险重的活，成为工地上的先进人物，受到表彰。在县里提出买拖拉机开发和建设团山湖农场时，雷锋捐献了 20 元钱，是全县捐款最多的一个。县委领导们一致同意让雷锋去学开拖拉机，当全县第一个拖拉机手。在团山湖农场的艰苦创业时期，雷锋没有辜负大家的期望，不怕艰苦，勇于钻研技术，加班加点工作，做出了突出贡献，成为团山湖农场建设中的先进生产者。

张兴玉等领导启发雷锋争取入团、入党，并告诉他，要入团、入党，必须达到什么样的条件。

“在张书记调离望城县去岳阳地委工作时，县委机关领导要与他合影，欢送他，张书记叫人把雷锋喊来一起合影。张兴玉真是把雷锋当做自己的小弟弟一样来疼爱，来培养的。”老干部说。

张兴玉调岳阳地区工作后，赵阳城书记继续引领雷锋前进，直至雷锋到鞍山当工人后，他还多次写信从思想上帮助雷锋。当看到雷锋寄来的穿皮夹克的照片后，赵书记在信中告诉雷锋全国都在开展艰苦奋斗教育，提醒他树立艰苦朴素思想。雷锋收到信后，马上把皮夹克放到箱子里。后来，除了几次演出节目时用皮夹克来当演出服外，雷锋再也没有穿过这件皮夹克。

当有人采访赵书记，问他当年是如何专门培养雷锋时，赵阳城同志说，当时并没有特意培养雷锋，更谈不上专门培养一个人。当时各级党组织都是在努力创造条件、积极培养大批的“无产阶级革命事业接班人”，当时就是这个提法。县委领导关心包括雷锋在内的每一个青年人。当时的想法是，县委机关对每一个青年都要关心，连公勤人员也要关心他们的进步。所以没有把雷锋放在培养计划之外。并没有专门培养哪一个人。那时在县委机关工作过的人，后来回忆起来，都可以说出很多关于领导关心自己的事例，这在那个年头，是很正常的。这就是 20 个世纪 50 年代，党组织和各级领导干部对年轻人的态度，也是对革命事业的态度。

雷锋第二任导师可以说是其所在部队的团政委韩万金同志。雷锋 1960 年 1 月 8 日入伍后，在沈阳军区工程兵第十团欢迎新兵的大会上代表全体新战士讲话。当时因为风大，把讲话稿吹乱了。雷锋干脆撇开稿子发挥起来，战友们都记得雷锋的讲话，很有气势，很有吸引力，其中有这样几句话：“刚才团首长号召我们好好学习，努力工作，争当五好战士，我看哪，别说五好了，就是七好、八好，我们也能做到！”这句话立即引起官兵们的掌声和笑声。韩万金听了，觉得这是个有激情、有上进心的好苗子。他和吴海山团长说：“我看这个新兵不错，要好好培养他。”每当团里有干部到运输连去，韩政委都交代他顺便了解一下雷锋表现怎么样。当部队根据上级部署开展忆苦思甜活动后，韩万金政委召集大家开会，听取各单位汇报情况，几个连队反映活动开展不起来。而运输连指导员高士祥汇报说，本连战士雷锋的忆苦讲话把全连都说哭了，韩万金立刻详详细细了解了雷锋忆苦思甜的情况，确定叫雷锋到各单位作忆苦思甜报告。这样，雷锋成了全团忆苦思甜的典型，后来又扩大到在沈阳军区工程兵范围内去作报告。在团党委会上，韩万金提出要重点培养雷锋，并指派政治处主任刘家乐同志（后任副政委）分工负责这项工作。刘家乐在运输连听战士们反映雷锋的袜子补了又补，马上详详细细了解雷锋艰苦朴素的事迹，在运输连举办了雷锋艰苦朴素事迹展览，对全连、全团官兵教育影响很大。很快地，雷锋被团里树立为勤俭节约标兵，韩万金政委几次主持会议（包括团党委会）研究培养雷锋的问题，并且听取分工领导刘家乐同志的汇报，研究重点培养雷锋的措施。之后，雷锋成为军区工程兵的节约标兵，成为沈阳军区的模范人物，在全军区作巡回报告。

韩万金对雷锋的引领作用表现在多方面，但首先是用行动证明自己是一个优秀的共产党员和优秀军官，为他人起到表率作用。当报纸上报道了辽阳地区发大水时，韩万金把自己积存的几千元钱全部捐给辽阳灾区，并且告诉知情人员不要对外说。韩万金是老红军后代（用现在的话说也是高干子弟），他本人也是经过战争考验的，但他对自己要求严格，生活俭朴、工作拼命、作风扎实、理论水平高、和基层干部战士心贴心，是人人称赞的好干部。

其次，韩万金十分注重从理论上提高雷锋的政治觉悟，他多次和雷锋一起学习《毛泽东选集》，和雷锋一起谈学习体会，并教雷锋如何读毛主席的书，特别是带着感情读、带着问题读，理论一定要联系实际。而雷锋也确确实实认真地读了、学习了。

很多曾经接触过雷锋的人，都看到过雷锋总是在读《毛泽东选集》。对于学习理论著作，也许到现在，我们很多人都不如雷锋那样专注和投入。当时有的战友说工作太忙，哪里有时间学习。在班里讨论时，雷锋举着一块木板对本班的同志说："你们看，这块木板上一个眼儿也没有，可是钉子钉进去了。他靠的是什么呢？就是靠挤劲儿钻进去的，看样子钉子有两个好处，一个是挤劲，一个是钻劲。我们学习毛主席著作，也要有挤劲和钻劲。"后来，雷锋还总结出了"五个一点"的学习经验：早起点，晚睡点，饭前饭后读一点，节假日抓紧点，出车休息看一点。直至当今，雷锋的"五个一点"的经验也很适用。

韩万金还多次与雷锋谈什么是朴素的感恩思想，什么是自觉的阶级觉悟，使雷锋懂得一个革命战士应该融入革命队伍中，为全人类解放和幸福而奋斗，而不是只知道感个人的恩，报个人的仇。1962 年，盘踞台湾的蒋介石集团叫嚣反攻大陆。雷锋听了广播后，义愤填膺，坚决要求到福建前线去打仗。连里领导不同意，他就到团部找韩政委，韩万金耐心地开导他，使他明白了，坚固的国防战线，靠各种部队和各种设施组成，分工不同，都是为了一个目标。做好了运输工作，就是战争的组成部分，没有强有力的运输线，就没有前线的斗争，所以搞好战备运输，本身就是加强国防建设。

各级领导干部对雷锋的帮助和教育，使雷锋深受感动。他多次在日记中写出自己发自内心的感激之情。1960 年 12 月的一天，雷锋写到：“今年一月，我响应了祖国的征召，走进中国人民解放军这个革命的大家庭里。这使我受到了从来没有过的温暖。首长一天到晚问寒问暖，在业余时间给我们讲战斗故事，鼓励我们好好学习，提高保卫祖国的本领。党和首长对我无微不至的关怀和教导，我真万分地感激，恨不得立刻把我的心掏出来献给伟大的党。”

韩万金不仅非常重视雷锋的点滴进步并及时给予鼓励，还非常重视雷锋身上存在的不足，并及时帮助他克服。人们说，再好的秧苗，也要有人及时抚育，再好的树苗，也要及时剪修，才能保证它茁壮成长。例如，雷锋违反部队纪律外出，去助人为乐，韩万金告诉雷锋，要增强纪律观念、严格遵守纪律，外出做好事也必须请假才能外出，雷锋当即表示，决不会再出现同样的错误。雷锋当了班长后，韩万金告诉雷锋，做好事，不能只是一个人去做，要带领战友一起做。雷锋当天就在日记中写到：“一个人的力量毕竟是有限的，走不远，飞不高，好比一条条小溪，如果不汇入江河，永远也不能汹涌澎湃，一泻千里。”韩万金还告诉运输连的连长、指导员，发现雷锋身上存在的问题，就应及时由连队领导与雷锋谈心，使雷锋一步一步地成熟了起来。

1961 年 7 月 1 日，雷锋在日记中写了这样一段话：“我像一个学走路的孩子，党像母亲一样扶着我，领着我，教会我走路。我每成长一分，前进一步，这里面都渗透着党的亲切关怀和苦心栽培。”

韩万金多次和刘家乐副政委一起到连里去，与连长、指导员研究培养雷锋问题。

韩万金对雷锋入党问题十分关注，他的决断，令人们钦佩。按惯例，战士入伍当年入党，是很罕见的，所以当连里提出把雷锋列为当年发展入党的对象时，就有一种习惯性议论。韩万金及时了解了雷锋的表现后，认为雷锋入伍前就是先进典型，入伍后表现突出，应该打破惯例，重点培养。统一了团党委一班人的思想后，就指示团政治处组织股通知运输连党支部，当年就可以解决雷锋入党问题。于是雷锋入伍 10 个月就入了党。

一切工作都要有利于人才成长。当雷锋外出报告较多，影响训练时，韩万金提出严格控制雷锋外出作报告的频率，加强学习和训练，要求所有先进典型在学习、训练和驾驶技术方面也应该是先进的。在韩万金的严格要求之下，运输连组织军事训练，井井有条。为了提高驾驶技术，连里按规定科目，开展训练。雷锋也和大家一起参加了车辆快速通过狭窄通道、在高架轨道上行车、野外泥泞道路自救等训练，并达到优秀成绩。雷锋牺牲后，雷锋班参加大比武活动，在沈阳军区获优胜奖，后来，到龙庆峡参加全军的比武，又获优胜，受到叶剑英元帅的接见。

现代科学证明了，人才成长过程中有个“效应场”。在高能为核的共生效应中，包括众望所归的带头人和良好的成长环境；在相沿成链的师承效应中，有名师名家的引导；在尚贤效应场中，有识才用才的护才之魂。

不辜负领导的培养

中年干部听到这里，插话说：“就大环境来讲，雷锋精神是特定的社会环境、良好的社会风气下的产物。在那个激情的岁月里，由于广大劳动人民从三座大山的压迫下解放出来，爆发出了冲天的干劲；由于亿万人民对中国共产党、对社会主义的无比热爱，人人都在忘我地工作着。人与人的关系是十分融洽的，互相之间是彼此信任的。广大青年都和雷锋一样在奋发向上、助人为乐。雷锋只是这当中的一个代表人物。”

“环境可以影响人、改造人嘛！近朱者赤，近墨者黑。”

“雷锋是在身边领导的影响下成长的，这是青年人成长的最有利的条件。但是近朱者是否一定就赤？也不是绝对的。有没有近朱者黑的呢？有的近朱而黑，甚至比黑还黑！”

这里有一个主观问题。雷锋有一个很好的长处，就是“见贤思齐”。与先进人物比一比，雷锋就知道了自己的努力方向。他是不示弱的，而且是知错就改的。对批评意见正确对待。在雷锋当了班长后，连队的干部多次找他谈话，有时就是直截了当地批评他，指出他哪里错了，雷锋马上就改正，而且再不犯类似的错误。一次排长和他谈话批评了他，他在当天的日记里写道：

“今天排长给我指出，要我今后办事多和群众商量，注意工作方法。我觉得很好，一定改进。至于其他方面的小缺点，我也要特别注意，加以纠正。有些反映虽然有出入，但我也很欢迎，今后提高警惕，随时注意。我深记了斯大林的教导：‘我们不能要求批评百分之百的正确。如果批评只有百分之五到百分之十是正确的，我们也不应当忽视。’今天我是一个班长，对于战士的反映和意见，丝毫不能轻视，一定要坚决克服缺点，做好工作。排长要我抓紧时间努力学习，提高政治觉悟和技术水平。这些好话，牢记心间，照着去做，定能进步。”

雷锋就是这样，批评一次，他提高一点，把批评当成了前进的动力。雷锋十分爱动脑筋，遇事要问个为什么。一次在食堂里就餐，听一个干部说，毛主席带头克服困难，已经两年不吃红烧肉了。雷锋听了，说这肯定是瞎说呢，就去问指导员，指导员告诉他，这是真实的，毛主席和全国人民一起渡难关呢！而且毛主席把自己的粮食定量降为每天 6 两，周总理也降为 6 两，朱总司令降为 8 两。雷锋几天都在念叨这件事，在班务会上也说，我们普通战士更要用实际行动，与全国人民共渡难关，有领袖们的带头，困难再大，也是能够克服的。雷锋就是这样，从这一件事上又受到了启示，又得到了思想上的提高。

说到这里，还有几句话是必须说的，雷锋牺牲后，韩万金在命名雷锋班、组建雷锋班、整理雷锋日记、展览雷锋日记和遗物、总结雷锋成长历程、总结培养雷锋经验、提出长期学习宣传雷锋方面，表现出了很高的政策水平和理论水平，他对把雷锋精神传向全军全国，作出了重要贡献。

“可见，从地方到部队，各级领导、党组织为了培养人才，付出了多少心血呀！真可称得上是心血的凝聚呀！”老干部说。

以身作则，为人表率

中年人边听边思考另一个问题：“现在的领导干部一代一代地更迭，老一代人给新一代人留下了什么呢？我们有没有继承好的传统，有没有以身作则？有没有给他们正确的引导？”

如果研究领导干部培养雷锋的过程，就会发现一个十分重要的问题，就是领导干部以实际行动给雷锋做出了好样子。当然这不只是给雷锋一个人做好样子，而是给全体年轻人做了好样子。并且这个好样子不是故意做给人看的，而是先进分子的自然表现。就拿团政委韩万金来说，一言一行都值得雷锋学习，也值得所有的年轻人学习。雷锋主动为辽阳灾区捐款，韩万金知道后，大力表扬了他，号召大家向雷锋学习，却对自己向灾区捐款的事只字不提，特意嘱咐知情人保密。有这样一些品德高尚的领导做楷模，雷锋成长为杰出人物，岂不是顺理成章的事吗？所以说领导干部培养雷锋，培养众多人才，首先是自己以身作则，为人表率。得出这样的结论，或许有人感到出乎意料。现在有些领导干部的所作所为，离雷锋的标准差得很远，又怎么能给雷锋做榜样呢？难怪现在很难提出领导干部带头学雷锋的口号了。

“雷锋的榜样是领导”应该说是有意义的。这可以激励领导干部努力达到领导应有的标准。领导干部的标准是什么？就应是雷锋的标准。也就是说，如今的领导干部都应学雷锋，学雷锋就会眼睛盯着群众，知道哪些事情做得对，群众拥护；哪些事情群众反对，就会站在人民群众的立场上分析问题。学雷锋才能了解群众疾苦，把对群众的关心变成真情实感。

这样说来，领导干部学雷锋，本身就是在培养人才。因为人民群众总是通过身边的领导干部来评价党员干部形象的。领导干部的一言一行对人民群众有很强的示范作用和引导作用，领导干部都能为人表率，社会道德建设就会提升一个水平，本身就为培养人才创造了良好的环境。

人才意识和社会氛围

“在雷锋成长过程，凝聚着各级党组织和党的领导干部的心血，体现了当年领导干部对青年一代的爱护和关心。他们倾注的心血没有白费，而是促使一代人按照无产阶级革命接班人的标准成长起来，雷锋只是其中的一位突出代表。这一点很值得今天各级领导干部深思。”老干部说。

当年的湖南省望城县，以张兴玉书记、赵阳城副书记为代表，特别重视对年青一代的培养。初生的新中国，百废待兴，事业待举，建设社会主义强国任务光荣而艰巨。面对无数困难，最急需的是人才，是年青一代骨干队伍的迅速形成。所以县委根据上级要求，专门制定了培养人才的措施。很快地，包括送青年骨干上学深造、开办夜校补习文化、给骨干压担子锻炼等措施出台，并得到很好的实施。这仅仅在我们已知的张书记等对冯健、雷锋等青年人培养过程中付出的心血就可见一斑。

在鞍钢工作期间，雷锋身上充分体现出各级领导发现人才、爱惜人才、培养人才、信任人才的人才意识。雷锋工作成绩突出，品德高尚，助人为乐，多次被评为先进生产者和生产标兵，成为先进人物。鞍钢和下属各厂、矿党委领导对所有青年工人、基层干部的进步都很关注，有一套培养计划，对雷锋当然更不例外，一心想抓紧培养这棵好苗子。雷锋在报名参军基本条件合格后，政审登记表却“找不到”了，实际上是弓长岭矿党委书记李钦荣同志，发自内心太喜欢雷锋，舍不得雷锋离开弓长岭矿。他们已下决心，下气力培养雷锋，希望他成为矿里的骨干力量。而作为接新兵的一方，军务参谋戴明章及接兵营长等领导都想把雷锋带回军营。如果因政审登记表找不到而带不走这个好兵，实在太可惜了。正是在这种珍视人才的意识的推动下，戴明章在电话中汇报了征兵过程后，特意把雷锋的情况作了汇报，表示了自己的倾向性意见，促使团长吴海山下决心：先把雷锋带回来再说，既然各级都证明雷锋是个先进青年，出身又那么贫苦，会有什么问题？果然不出所料，雷锋被带到军营后，弓长岭党委就主动把雷锋的政审登记表送来了。正是这一个个爱才的领导促成了雷锋参军的梦想变为现实。

说到这里，应该讲清这样一个问题，就是当年培养人才的环境。并不是只有韩万金政委一个人这样去做，而是从上到下，每个党员领导干部都在做这件事。1960 年 1 月 8 日，在雷锋参军入伍的第一天，几位团领导都感到雷锋是块好料，这个团领导班子集体有发现、培养人才的高度自觉性、敏锐性。吴海山团长、韩万金政委都交代机关要关注雷锋进步。技术营教导员其实早在接兵期间就看准了雷锋，要把雷锋分到自己的下属连队。分工培养雷锋的刘家乐副政委更是常问雷锋情况，有时在运输连一住就是一星期，全面了解和考察雷锋，多次和雷锋谈心交心。他和雷锋有着几乎相同的经历，例如，他们手上都有三道刀疤，雷锋手上的伤疤是地主婆砍的，刘家乐手上的伤疤是富农家的儿子砍的。共同的悲惨遭遇使他们有了许多共同语言，尤其是有了共同情感，有了探讨南方和北方的地主是否一样狠心的需求，有了共同的阶段觉悟，自然形成了对旧社会的恨，对新社会的爱。在刘家乐家里，刘家乐给了雷锋“一家人”的温暖气氛。

在高级领导机关，特别是沈阳军区、军区工程兵这两级，将军们对雷锋这样的青年人也是关怀备至。1960 年忆苦思甜运动中，雷锋脱颖而出，工程兵部王良太主任、吕清政委等，立刻意识到这是个好典型，应及时宣传并上报军区，军区政治部主任杜平将军亲自写按语“苦孩子，好战士”在报刊上宣传，要求全军区官兵向雷锋学习。王良太将军曾七次和雷锋交谈，并赠送《毛泽东选集》四卷，告诉雷锋如何学习。

这在今天是否还是常见的事？

有人说，雷锋能成为典型人物，主要是因为他是个苦孩子。这话有一定道理，但不全对。当然，在旧社会千千万万个苦孩子当中，雷锋的苦难遭遇是十分典型的，是整个旧中国穷苦人民的一个缩影。但也只能说是苦难的童年经历给雷锋的成长奠定了基础，而不能说苦孩子们都一定能成就自己的未来，苦难的遭遇能自然而然地产生革命觉悟。没有先进思想的正确引导，没有先进阶级的启示，穷苦的人成不了先进的典型，而沿途乞讨造成的往往是孤僻、野蛮、哀怨的强烈心理阴影。雷锋既是不幸的，但又是万幸的。当他在黑暗里挣扎、走投无路时，受到地下党员彭德茂的启蒙教育；当他获得解放的时候，许多人向他伸出温暖的双手；当他初步了解了社会时，乡政府决定让他免费上学，使雷锋获取知识和力量；当他走上工作岗位时，身边的领导都给了他热情的帮助和教诲，使他逐步提高了革命觉悟。这每一步，对雷锋来说，都是接受真理、走向成熟的台阶。

对雷锋的培养，具体的落实在基层，这里不能不说说运输连党支部付出的心血。李超群连长（后来是虞仁昌连长）、高士祥指导员几乎是手把手教雷锋做人、做事，使雷锋成人成才。

连里干部几乎每星期都要议一次雷锋的情况，处理问题，及时谈心，有时是鼓励，有时是批评。虞仁昌连长说过，雷锋每天出车执行任务回来，都要先到连部来汇报情况，然后再去洗车、检查车辆。每次雷锋来连部，连里领导们都详详细细问情况，对他说到的困扰问题，出点儿主意。有一次，雷锋说从抚顺到沈阳，一路上桥多、大树多、拐弯多，有的新战士走了好几次还是心里没数，这样很容易出事。连里干部就对问他说："雷锋你对这一段路很熟了，能不能把它写出来，画出来，叫新兵反复记忆，会不会好一些？"雷锋立即就干了起来，他用一张纸详细地画出了示意图，一边叫新兵看着这张图，一边给新兵讲解一路上应特别注意的几十处重点地段，新兵很快就熟悉了。这个办法，很快被推广到其他几个班去了。这张画图现在还在中国军事博物馆保存着，代表桥梁、小河、突出的大树、急转弯等，都用雷锋自己特用的记号标示着，他的认真细致令人钦佩。

在雷锋被批准入党后，团党委指定由组织股长赵玉瑞和雷锋谈话。那是1960年11月初，雷锋正在沈阳开会，团政治处组织股长赵玉瑞约了雷锋谈话。恰好赵股长去招待所，在路上遇到雷锋，于是，便与他在沈阳南湖边的路上边走边谈。赵玉瑞先通知雷锋，团党委已批准他加入中国共产党组织，成为预备党员。雷锋心情十分激动。赵玉瑞又说："在这个时候，你要记住，团党委指出你还有一些缺点，必须加倍努力改正。"接着，赵玉瑞向雷锋指出了三个方面的不足，要求他改正，争取成为优秀的共产党员。这次谈话，对雷锋的影响很大。雷锋多次讲过，在入党时，党组织给自己指出的问题，自己要牢记一辈子，要坚决改掉。

雷锋成长的年代，整个社会的氛围对青年人的成长是良好的。也就是说，在那个年代，所有的年轻人，都在奋发向上，不甘落后，充满了为祖国强盛忘我的工作激情。人们的言谈都是积极向上的，这对青少年的成长创造了很好的环境。

青少年模仿能力很强，受家长、老师影响最大，受领导的影响更大。公园里，小孩跟妈妈说："吃了雪糕，纸筒扔到哪儿啊？老师跟我们说，不要乱扔杂物，要讲文明礼貌。"妈妈说："现在没人看见，你就扔了吧！"这样的妈妈会带出什么样的孩子啊？这样的妈妈，将来总有一天会后悔的。

在一个单位里，领导的人品气质、为人，都深深影响着每一个员工。是诚实守信，还是投机取巧，潜移默化地传给了年轻人。当然了，现在有不少人在努力创造和创建良好的环境，尽自己所能去建设美好家园。在长沙就有一位这样的老人，他是雷锋的本家亲戚，叫雷孟宣，长期担任雷锋纪念馆馆长，现在80多岁了，是雷锋纪念馆的名誉馆长。他不仅终生宣传雷锋精神，而且身体力行实践雷锋精神。他喜爱画竹子。每次乘公共汽车，有年轻人给他让座，他就赠送一幅自己画的竹子，上边还题了字，还提议全车的人为青年人的行为鼓掌。现在他已经送出去近千幅画了。如果我们每个人都这样做，社会风气就会好转，一代代年轻人就会像雷锋那样成长！

大家正在聊着，年轻的推销员下了床，整理了背包要下车，老干部问："你不是到北京吗?"推销员答："现在快到长沙了，听了大家的议论，我有了一个新的想法，把我的行程做一下调整，我要到长沙下车，先到雷锋纪念馆去看一看，长了这么大了，还没有参观过雷锋纪念馆，这不是个很大的遗憾吗?"

老干部笑着说："小伙子，真有你的。既然如此，我还有一个建议，到了长沙，还可以到社会科学院看一看。"

"为什么?"推销员问。

老干部说："湖南省社科院正在研究一个很好的课题，就是企业如何学雷锋。这对你们的企业、对你们的老板，恐怕会有些用处吧?"

推销员立刻回答："好，我一定去。我还要找机会去抚顺参观学习呢！"

火车在长沙站短暂停留，包厢中剩下的三个人继续就学雷锋的话题交谈。老干部说："我们各级党员领导干部都要共同培养人才，为的是我们的共同事业，为了更好地去实践我们党的奋斗目标，为了更好地为人民服务，这是个长远的任务，也是我们共产党的理想，是对全国人民的庄严承诺。"

第四章

庄严承诺

我们谈到周恩来，谈到焦裕禄，谈到孔繁森和杨善洲等党员干部，为什么那么敬仰，那么激动呢？最根本的就是他们具有全心全意为人民服务的好思想。

列车从长沙火车站开出了。

年轻的准公务员说：“谈到我们党的奋斗目标，我想起来了，我在准备考公务员时，就想了这样一个问题，我们一提到中国的榜样，必然会提到雷锋？为什么雷锋精神在那个年代影响了全国人民，而现在搞市场经济了，人们仍然十分怀念雷锋，呼唤雷锋精神究竟是什么让我们对雷锋印象如此深刻？雷锋精神的核心、本质是什么？”

老干部思索了一番，便说：“这个问题的答案就五个字，为人民服务！”

党的宗旨

当年毛泽东主席说得很清楚，就是学习雷锋全心全意为人民服务的好思想。这是最能感动人的，最震撼人的灵魂的。我们谈到周恩来，谈到焦裕禄，谈到孔繁森和杨善洲等党员干部，为什么那么敬仰，那么激动呢？最根本的就是他们具有全心全意为人民服务的好思想。我们学习雷锋，如果只限于学他上街去做好事，学他外在的东西，那是学不到精髓的。从雷锋的日记中，可以到处看到他的本质的东西，即人活着是为什么的问题。他最著名的一句话就是：“人的生命是有限的，可是为人民服务是无限的。我要把有限的生命投入到无限的为人民服务之中去。”这句话传遍了全国，而且已传到国外去了。

为人民服务的思想，可以说在湖南，在雷锋当工人之前，就在他心中有了初步成形。一次，县里报社约雷锋写一篇稿子，雷锋只写了几句话，没有形成一篇文章，他还没有来得及写完全文。但就是这篇短文也让人铭记于心。

“如果你是一滴水，你是否滋润了一寸土地？如果你是一线阳光，你是否照亮了一分黑暗，如果你是一颗粮食，你是否哺育了有用的生命，如果你是一颗最小的螺丝钉，你是否永远坚守在你生活的岗位上？如果你要告诉我们什么思想，你是否在日夜宣扬那最美丽的理想？你既然活着，你又是否为未来的人类的生活付出你的劳动，使世界一天天变得更美丽？我想问你，为未来带来了什么？在生活的仓库里，我们不应该只是个无穷尽的支付者。”

这篇短文是雷锋在 1958 年 6 月 7 日写的，说明雷锋在年满 18 岁前，就已经在思考着人生的价值问题，就对自己的未来做了一个安排，做出了一个选择和承诺，对祖国和人民的承诺。

说到为人民服务，就会使我们想到中国共产党的宗旨。中国共产党的宗旨，即中国共产党存在的价值到底是什么呢？那就是全心全意为人民服务。如果没有“为人民服务”这一条，党还有什么必要存在呢？毛泽东同志说：“我们的共产党和共产党所领导的八路军、新四军是革命的队伍，我们这个队伍完全是为着解放人民的，是彻底地为人民的利益工作的。”这是中国共产党与其他阶级的政党的根本区别之处。写在党的旗帜上，就是要公开向全国人民承诺、向全世界宣示：我们是一心一意为人民的利益而奋斗的，除此之外，我们党没有任何自己的私利。这的确是一个庄严的承诺。

“全心全意为人民服务”，是中国共产党的宗旨，中国共产党 90 多年历史已经充分证明，党所做的一切，都是为了全国人民的根本利益的，是为为人民谋福利的。革命战争年代是这样，社会主义建设时期也是这样的。

中国共产党的这个庄严承诺，是体现在党的路线、方针和政策中的。改革开放以来，党中央一系列方针政策都是从人民利益出发，以人民满意为标准，从而赢得全国人民拥护，激发全国人民参与改革的积极性主动性，使党的政策深入人心，使党的路线方针政策得以贯彻落实，人民的根本利益得以实现。例如，经济上，抓住机遇期，一心一意搞建设，GDP 翻两番的目标提前实现了。又如，免除农业税，被农民称为几千年来的创举，在共产党领导下实现了，受到广大农民的欢迎和称赞。这些都证明，中国共产党一如既往，继承和发扬革命战争年代的光荣传统，和人民心心相印、肝胆相照。

“中国共产党这个庄严承诺，是要靠党的各级领导干部去实现的。人民群众更多的、大量的是从党的领导干部的言行中去体会、感受中国共产党的根本宗旨的。正因为如此，党员领导干部的行为如何，直接影响人民群众对中国共产党的感情，直接影响党在人民群众心目中的形象。”中年干部说。

为人民服务，首先是与人民站在一起，同甘共苦。中央领导同志给全党做出了表率。在战争年代，人民正经历着战乱、贫困等多种磨难。而我们党及党的领导人永远与人民风雨同舟。这也是共产党远胜他人的根本。1940年南洋巨富、爱国华侨陈家庚先生组织华商代表慰问抗日将士。在国民党统治区，国民党为此拨款8万元接待陈家庚等。陈家庚当时怒斥道：“此等虚浮之实，与抗战艰难时局不甚适耳！”而在延安，毛泽东与陈家庚共进晚餐，只用1.5元伙食费，陈家庚由此断定：共产党必胜。斯诺在延安亲眼看到毛泽东给衣服打补丁，与战士同睡土炕，彭德怀用降落伞布做背心，林伯渠用绳子系住断了腿的眼镜，这些在斯诺的书中被称为“东方魔力、兴国之光”。国民党军队将领黄维在淮海战场被解放军俘虏后，目睹了布衣将军刘伯承、邓小平等的生活，感慨到：“在下不光败在战场上，更败在作风和精神上。”

战争胜利了，中华人民共和国成立之后，中国共产党中央领导继续保持着艰苦朴素的生活作风，绝不脱离群众。毛泽东、朱德、周恩来等领导的衣服都是补了又补的，周围工作人员有时不忍心，把破衣服扔掉了，领导发现了，又拣回来。1949年9月，在筹备成立新中国时，毛泽东主席约好了要去会见民主人士张澜先生，他对工作人员说，今天应该找一件好一点的衣服。警卫员李银桥说：“主席，咱们真是穷秀才进京赶考，一件好衣服都没有哇。”毛主席说：“原来纨绔子弟考不出好成绩，安贫者能成事，嚼得菜根百事可做，我们会考出好成绩的。”李银桥说：“现在做衣服也来不及了，要不先找人借一件穿吧？”毛主席不同意：“算了，不要借，有补丁不要紧，整齐干净就行。张老先生是贤达人士，不会怪我的。”毛泽东在三年困难时期，带头不吃肉了，中央领导把粮食定量都减了下来了。这些在人民群众中已传为佳话。这是一种吸引力、向心力和凝聚力，率领和团结全国各族人民共同渡过了那几年的难关。

共产党与人民心连心的情感，还反映在处理与亲友的关系上。解放初期，毛泽东的儿子毛岸英曾给舅舅杨开智写过一封信。杨开智曾写信给毛主席，希望在长沙有厅长一级的位置，被毛泽东拒绝。毛岸英在信中写道：“新的时代，这种一步登高的做官思想，已是极端落后了，而尤以能通过我父亲即能‘上任’更是要不得的想法。新中国之所以不同于旧中国，共产党之所以不同于国民党，毛泽东之所以不同于蒋介石，毛泽东的子女妻舅之所以不同于蒋介石的子女妻舅，除了其他更基本的原因以外，正在于此；皇亲国戚仗势发财，少数统治多数人的时代已经一去不复返了，靠自己的劳动和才能吃饭的时代已经来临了……反动派骂共产党没有人情，不讲人情，如果他们所指的是这种帮助亲戚朋友、同学同事做官发财的话，那么我们共产党正是没有这种人情，不讲这种人情。共产党有的是另一种人情，那便是对人民的无限热爱，对劳动人民的无限热爱。对劳苦大众的无限热爱，其中也包括自己的父母子女亲戚在内。当然，对自己的父母、子女、妻舅、兄弟、姨叔，是有一层特别感情的。这种特别感情，共产党不仅不否认，而且加以巩固并努力倡导它走向正确的与人民利益相符合的有利于人民的途径。但如果这种特别感情超出了私人范围，并与人民利益相抵触时，共产党坚定站在后者方面的，即大义灭亲，亦在所不惜。”毛岸英在信的最后感叹：“为人民服务说起来很好听，很容易，做起来却实在不容易。”

可能大家都读过《暴风骤雨》这本书吧，在东北解放之初，广大农民贫困至极，最需要的是什么？就是要有土地，土地是农民的命根子，有了土地才真正算是翻身解放。共产党和解放军到农村去组织农民忆苦，分田到户，使人民群众打心眼里感谢共产党。为了保卫来之不易的胜利果实，为了不让反动派抢走土地，广大青年涌跃参军，三年时间，东北野战军数量增加了 10 倍，为胜任解放战争第一个战役——辽沈战役胜利打下了坚实基础。

中国共产党的这项庄严承诺，直接引领全社会的风气。雷锋就是忠实履行共产党诺言的代表。他始终把人民放在心中，以能为人民做好事，使人民幸福作为自己的最大幸福和快乐。1961 年 3 月，雷锋在日记中写道：“凡是脑子里只有人民，没有自己的人，就一定能够得到崇高的荣誉和威信。反之，如果脑子里只有个人，没有人民的人，他们迟早会被人民唾弃。”在《毛泽东选集》第二卷第 654 页上，雷锋作了眉批：“全心全意为人民服务，决不让有一点个人利益低级趣味的东西玷污自己。”雷锋精神的精华之处，就在于为党和人民的事业贡献自己的一切，做一个毫无利己之心的人。

全心全意为人民服务，不仅是党对全国人民的庄严承诺，而且是每个共产党员入党时庄严宣誓要做到的。每个共产党员在入党时都要举手庄严宣誓：我志愿加入中国共产党，拥护党的纲领，遵守党的章程，履行党员义务，执行党的决定，严守党的纪律，保守党的秘密，对党忠诚，积极工作，为共产主义奋斗终身，随时准备为党和人民牺牲一切，永不叛党。中国共产党成立后，历经各种艰难困苦的环境，在每个时期党员誓词有所不同，有时突出“永不叛党”，有时强调“严守党的秘密”，这是由严酷的环境决定的，但各个时期的誓词都强调为党和人民的利益牺牲自己的一切，都强调奉献精神。现在，很多党员在党的诞生日、自己的入党纪念日，在革命圣地、在革命先烈遗像前，重温入党誓言，就是勉励和警示自己，不要违背了自己的庄严誓言，一定要鞭策自己一生都为人民服务。

雷锋是 1960 年 11 月 8 日入党的。当天晚上，他在日记中写到：“今天我入了党，使我变得更加坚强，思想和眼界变得更加开阔和远大。我是一个共产党员，人民的勤务员。为了全人类的自由、解放、幸福，哪怕高山、大海、巨川；为了党和人民的事业，就是入火海，进刀山，我甘心情愿，头断骨粉，身红心赤，永远不变。”

履行诺言

“为人民服务，就五个字，说来简单，但要做好，谈何容易，”中年人说，“在当代，应当如何去履行这五个字呢？”

践行全心全意为人民服务的宗旨，要克服一些思想障碍，就必须从习惯性误区中解脱出来。我们有一些多年来已习惯的说法，如“为了体现党中央对灾区人民的关心……”等口号。实际上这是恩赐思想的体现，是本末倒置的理念。中国共产党为人民服务、党的领导干部为民众办实事，是职责所在，是理所当然的，不是为了体现什么才去做的，而是天经地义应该做好的，是真真切切要干的，不是做给谁看的。党组织本身是因为有了人民群众，才有了建立的必要。也就是说，是人民养活政党，养活了领导干部，而不是政党养活人民。有了人民，为了人民，党才有存在的必要，才有存在的条件。这本来是个常识。

如果“为人民服务”被淡化了，社会就会不自觉地出现轻视人民、藐视民众、上智下愚等言行。有领导干部曾经“理直气壮”地对群众大声责骂：“臭不要脸的，你们还想和领导同志平等对话？”这样对待人民群众，实在令人愤怒，但愿这种现象越来越少才好。一些领导机关的大楼越盖越豪华，领导出行时陪同队伍越来越庞大，宴会的规格越来越高档，说话的口气越来越大。门难进，脸难看，事难办，已经是司空见惯的事了。这些问题发生在执政党的领导干部身上，是很危险的。我们应始终牢记党的宗旨，牢记领导干部是人民的勤务员，对人民应有感恩之心。应始终明白，领导干部的一切正确言行，能作出正确的决策，全来自群众的创造性的实践，来自人民群众的聪明才智。所以，一定要服务于人民群众，以民众满意为标准，靠民众实践去检验。

全心全意为人民服务宗旨的实践，要具体化，这包括方方面面。目前，老百姓最迫切需要党、需要国家解决问题之一的就是贫富差距问题。改革开放之初，我们党承诺，要走共同富裕的道路。那么就要在改革开放 30 多年后的今天，努力减小贫富差距，使广大人民群众都能看到并享受到改革开放的成果。现在，全党全国都在关注中国共产党在改革开放中所承担的责任和义务，我们在追求发展、效率和繁荣的局面的同时，不能减弱我们党的责任，不能减弱中国共产党对全民族所做出的共同富裕的承诺。人民群众把权力赋予执政党的同时，就把祖国的未来和自己的命运交给了执政党，党就要对人民和民族的命运负起责任。

践行全心全意为人民服务的宗旨，社会正义的原则就一定要坚持，标准不能有丝毫降低。改革一步不能停，也不能放慢，同时又要解决人民的后顾之忧。公平分配，缩小贫富差距，要毫不动摇地抓下去。例如，原来实行退休制度，现在要建立社会保险，能否持续稳定地增长福利，能否确保“老有所养，幼有所教，病有所医”？又如，国有企业改革，企业得到了发展，这时就要关注国有资产的增值问题。企业负责人一定要清醒地记住，是国家将企业委托给你的，而不是你的私人资产，企业的所有权和受益者是国家，个人不能侵吞国有资产。这个问题代表了改革开放的方向，代表了改革开放到底是为了谁。

践行全心全意为人民服务的宗旨，是一辈子的事情。一个共产党员，履行这个诺言，不分在领导岗位还是退休“归隐”。退休了，但是并没有退党。只是履行诺言的方式有了变化。很多退休的干部，都还在用不同方式作对人民有意义的事情。就拿学雷锋这件事说吧。雷锋生前战友冷宽将军退休后，一心宣传和实践雷锋精神，他把雷锋生前的战友、雷锋培养的学生、学雷锋的先进人物、多年坚持学雷锋的人集合起来，成立组织，整合力量，决心为全国的学雷锋活动作出自己的贡献，他带领大家开展了雷锋事迹大型摄影作品展、雷锋日记书法展、雷锋事迹报告会等多项活动，受到了广泛赞扬。他的座右铭是：用雷锋精神，做学雷锋事业。田永清、孙茂芳、刘德全等同志，退休后，不顾年老有病，在全国各地，给学校、机关、企业、部队做学雷锋报告数千场，使众多的人了解了雷锋，决心学雷锋精神，走雷锋之路。他们就是退休后继续履行诺言的典型代表。

然而也有一些退休干部，改变了初衷，不关心人民疾苦。更有甚者，在位时就已为自己安排好了后路，利用自己的权力建立了关系，退下来就当“顾问”，企业给他发“工资”，人们称之这是有人在回报他的“恩情”，是提取在位时的“存款”。这些人中不乏在位时大讲全心全意为人民服务的人。很多“高管高薪”的背后，其实是见不得人的交易，这些企业为什么这样喜欢退休高官，众人心知肚明。

习近平同志说过：“我们党是中国工人阶级的先锋队，同时也是中国人民和中华民族的先锋队，党除了工人阶级和最广大人民群众的利益没有自己特殊的利益，党在任何时候都把人民群众的利益放在第一位，全心全意为人民服务。党的这种性质和宗旨，既决定了党的先进性，也决定了党的纯洁性。……我们党成立90多年来的历史证明，党的坚强有力和事业发展取决于多种因素，党的纯洁性对党的创造力、凝聚力、战斗力有着根本性影响。……现在我们党的队伍总体上是纯洁、团结、有战斗力的，这是中国特色社会主义事业不断取得伟大成就的根本保证。但是也要看到，在深刻变化的国内外环境中，管党、治党的任务越来越艰巨，如何保持党的先进性、纯洁性也面临着不少新情况、新问题。特别是胡锦涛同志在讲话中所指出的理想信念不坚定、作风不正、原则性不强、为政不廉等不符合党的先进性、纯洁性要求的问题，在一些党员和党的干部中不同程度地存在，这必然影响党在人民群众中的威信和削弱党的战斗力。”

中国共产党之所以能够不断发展壮大，团结带领全国各族人民夺取革命、建设、改革的重大胜利，赢得人民群众的爱戴和拥护，成为领导中国人民不断开创事业发展新局面的坚强核心，归根结底就在于始终坚持了全心全意为人民服务这个宗旨，始终保持了马克思主义政党的先进性和纯洁性。正如陈毅元帅所说，是“人民用小米哺育出来的革命……人民用独轮车推出来的全国解放……适应人民愿望，根据群众创造搞起来的改革开放，都说明，只有人民信赖和拥护，党才有生机活力。”

践行全心全意为人民服务的宗旨，就要与以权谋私、侵占国家利益的行为作坚决斗争。要做人民的儿子，而不是给不法商人当孙子；要为人民大众谋福利，而不是一味地为既得利益集团谋私利。《人民日报》

曾介绍过广东省徐闻县委书记钟力的一段经历。他上任后把暗访当做自己的一种工作手段，从中他直接了解了很多基层的情况，对他开展工作帮助很大。有人说，他这个县委书记不守“规矩”，指的是他不打招呼就到了基层，认为他这是搞突然袭击。可他就是坚持不打招呼去暗访。他心里明白，很多领导干部下乡，下面准备很充分，看不到真实情况，领导来了一个样，领导走了又是一个样；向上汇报工作说的什么都好，下去一看根本不是那么一回事。通过暗访，他悟出一个道理：一个真心为民的干部，就要和老百姓打成一片。改革开放以来，招商引资，经济发展成了主要任务，领导干部跟企业、商业、金融业的各类老板接触多了，跟群众接触少了，这有损于党执政的群众基础。我们看到，悟出这个道理的年轻干部越来越多了。这是利民利国的好现象。

践行全心全意为人民服务的宗旨，就不能搞短期行为，而要负“三代责任”。什么是“三代责任”？就是说，现在领导干部交接，前任干部留下了一些遗留问题，这些问题大都是难题，但又都是群众关系的重要问题，新任领导干部怎么办？有的干部还声明：“这是前任的事，和我没有关系。”这就苦了群众，损害了国家利益。理应把上任没解决的问题继续抓好。还有为后任着想，留出余地。可有的领导干部一味地追求在自己的任期内看出成果，寅吃卯粮，一心考虑自己的升迁和名声，就使后任的工作难上加难。

莫要失信于民

“当前，从上到下，人们常谈及诚信问题，什么是诚信呢？用老百姓的话说，就是说话算话，说到就要做到，许诺了，就一定要兑现。那么，我们社会中最大的诚信问题是什么？就是执政党的诚信问题了。如果为人民服务承诺只是嘴上说说，而不落到实处，就是失信于百姓，就会产生党的信用危机，就会动摇党在人民心中的地位。这便是最大的危机！”老干部激动地说。

人不可言而无信，政党也是一样。民众对待执政党的承诺，是要看是否能真的实现的。近年，人民群众对社会上诚信缺失的种种表现十分心寒。

我国已实行政治承诺制 20 年了，无论是行政承诺还是党员承诺，这些任职承诺都只是职务承诺，也就是把承诺的事务当成了日常工作职责的一部分，只是说了党员领导干部任职以后应该干什么，而没有说明他为什么得到晋升，为谁负责。应该将政治承诺推进到从政者任职之前，从任职承诺走向竞职承诺，使政治承诺贯彻到整个政治过程。如何在庄严中保证任职后能全心全意为人民（权力的赋予者）负起责任。承诺即是一种约束，自觉自愿地履行，以个人的荣誉和尊严作担保，接受公众的评价和选择。这就是说，要解决一个竞职者是“向上看”还是“向下看”的问题。有些干部喜欢“向上看”，而不愿“向下看”，对人民群众的呼声不闻不问，无动于衷。竞职承诺可以使干部选拔的用人权和评议权有效地掌握在人民群众手中，最终达到一个目标——使民意上升为从政者的政治意志，也就不会发现执政党的诚信问题了。

雷锋是说到做到的。他用短暂的一生兑现了自己的诺言，把他有限的生命，全部奉献到为人民服务之中。我们每一个党员领导干部，都应像雷锋那样，明确自己身上的使命，敢于担当起重任，把自己的前途和命运与国家和民族的前途命运紧密相连，把自己的理想追求融入党、国家和人民的壮丽事业之中，更加自觉地、更加坚定地、更加努力地为了人民的利益奉献自己的一切。

一席话后，年轻的准公务员还在反复琢磨着“为人民服务”这几个字。由毛主席提写的这五个大字出现在每一个政府机关的门口，每一位公务员、每一位领导干部每次进来工作都会看到。这几个字让人时时念、刻刻记，可是为什么还有那么多人背叛了自己的承诺？也许是因为这个物欲横流的社会吧。为了更好地生存，很多人都沦为利益的驱动者。如果雷锋活在当下，会为利益所驱动而改变自己全心全意为人民服务的初衷吗？

第五章

执政之基

乐民之乐者，民亦乐其乐；忧民之忧者，民亦忧其忧。没有一种根基能比扎根人民更坚定；没有一种力量比从群众中汲取更强大；没有一种执政资源，比赢得民意更珍贵持久。

中年干部说："前不久，一个话题引起媒体的热议：是政党养活了百姓，还是百姓养活了政党？我看结论其实很简单，任何政党没有人民的拥护，都是不能生存的，也没有存在的意义，更谈不上执政了。"

老干部说："你说的不错，这让我想起了一个故事。人们到北京来，大多要去一趟颐和园。到了颐和园，很多人都会问这样一个问题：乾隆皇帝为什么要在颐和园里造一艘大'石船'呢？说起颐和园里的石舫，就有很多令人深思的道理。"

水能载舟，亦能覆舟

颐和园原名清漪园，始建于1750年，工程历时15年。清咸丰十年（公元1860年），第二次鸦片战争爆发，英法联军在火烧圆明园时也把清漪园付之一炬，石舫船楼也被全部焚毁。

乾隆皇帝当初决定在昆明湖畔建一艘大"石船"，可不单是对船情有独钟，而是另有一番用意。在《御制石船记》中，他写道："若夫凛载舟之戒，奠磐石之安，虚明洞达，职思其居。"为建石舫，他还写了一首诗："雪棹烟蓬何碍冻？春风秋月不惊澜。载舟昔喻存深慎，磐石因思奠永安。"由此可见，乾隆皇帝建石舫之初衷，其实是想用古训中"水能载舟，亦能覆舟"的典故来告诫后人。

"水能载舟，亦能覆舟"出自《荀子·哀公》篇，是孔子与鲁哀公的对话中引用的孔子之语。后又多次被用来比喻君民关系。唐代之初，魏征在贞观初年，曾多次劝告唐太宗李世民要以隋亡为鉴，并引用荀子的话，君似舟，民似水。他说："臣又闻古人云：'君，舟也；人，水也。水能载舟，亦能覆舟。'陛下以为可畏，诚如圣旨……怨不在大，可畏惟人；载舟覆舟，所宜深慎。”

乾隆皇帝也是出于此番考虑决定在颐和园的昆明湖畔建这样一艘大“石船”，可谓寓意之深。遗憾的是，这艘大“石船”被千里迢迢而来的坚船利炮所毁。光绪十九年重建时，慈禧太后示意将船楼改建为西式船楼，取名“清晏舫”，意为“海清河晏，江山太平”。可惜，清王朝还是被历史的车轮碾碎了，大“石船”见证了清王朝的覆没，也证明了只有政治清明、吏治廉洁、百姓拥戴，才是国家百世永安的根本，才是执政之基。

“水能载舟，也能覆舟”。这句话既说明船要靠水的浮力才能正常航行在大海上和江河里，同时也告诉人们，不好好驾驶，船就会倾覆、沉没。李瑞环说过：“人民最可爱，人民最可敬，人民最可怜，人民最可畏。”所以要热爱人民、尊重人民，同时也要畏惧人民。至少要有一点对人民群众的敬畏之心，不要太肆意妄为。老子说过，统治者如果不能奉道建德，就不会取信于民，得不到人民的信任和支持，他们的统治地位就像是“飘风不终朝，骤雨不终日”那样岌岌可危了，天下就会不可避免地丢掉。“轻则失根，躁则失君”，老子告诫当权者，任何时候都不能背弃为国之根的人民大众，要以他们之心为心，爱护他们、服务他们，为他们谋利益。这样，就一定能得到人民的拥护，就会使社会和谐、国基巩固、国运昌盛。如果治国者反其道而行之，高高在上，鄙视人民、盘剥人民、压迫人民，就一定会引起人民的愤怒和反抗，使国基动摇甚至垮掉。

历史经验证明，人民群众的承受能力是有限的，也就是说，是有底线的。在过去，老师对学生常讲汉字的形象化意义，讲吃饭的“饭”字，说“饭”字，没了“食”字，没了吃的，只剩“反”字，也就是说没有饭吃，老百姓活不下去了，人民就会造反。中国历史上多少次农民起义，都是因为农民无法活下去了，官逼民反，人民揭竿而起。

根基在人民

中国共产党领导中国人民推翻了蒋家王朝，结束了半封建半殖民地社会。中国从此站起来了，走上了人民大众当家作主、民族振兴之路。中国共产党理所当然地成为了中国的执政党。当然，按朱德总司令的讲话，“只要台湾一天没有解放，全中国人民包括中国人民解放军指战员就一天也没有洗清自己身上的耻辱。中国还没有完全统一，还不是一个统一的共和国。”但就新中国在世界的地位来讲，已经是举足轻重的了。中国共产党执政60多年的历史已经证明，中国共产党是称职的执政党，在中国还没有哪个另外的党派能够与中国共产党相比拟。党的成就是有目共睹的，是任何人也不可否认的。

但是，中国共产党人的头脑始终是非常清醒的，既肯定成就，坚定不移地推进改革开放，又看到自己存在的不足，看到面对的挑战和存在的危险，并下定决心，尽全力排解危险，从而打牢执政的坚实基础。

一个政党要具备执政资格，不是靠执政者的身份，而是靠执政能力。在60多年的历史中，一个重要的事实是，中国共产党领导中国人民，把一个一穷二白、贫穷落后的中国，改变为在世界经济领域GDP属二的强国，从而改变了世人对中国的看法。以前的“东亚病夫”在今天的体育大赛中往往数一数二。外交上我们也再不会被他国轻视。这是不可逆转的历史，它证明，中国共产党具有坚强的执政能力。当然我们也要看到，国民经济发展还存在许多问题，还要做大量工作，才能应对国际化的挑战，应对经济危机。但我们的经济制度已经显现的优越性，完全可以让人们相信，这些危机改变不了中国经济上升的势头，未来世界的东方，一定会屹立起一个经济更加强大的中国。

在人类社会进入到21世纪之后，人们对执政党的要求已经不只是能吃饱饭那么简单了，民主和法制建设的进程一定要加快步伐与之相适应。对社会的公平、自身的尊严的追求，都要求执政党在政治体制方面加快改革。在这方面，中国共产党的努力也是不可否认的。2012年省、市、县、乡四级换届选举，公民参与国家大事的意识越来越强，力度越来越大，也说明民主建设的步伐明显加快，并得到了广大人民群众的称赞。在分配制度方面，国务院采取强制措施，规范高收入行业负责人的薪金制度，想方设法降低贫富差距日益扩大的速度。从“十二五”发展规划中可以看出，国家的财政预算对全国贫困地区、贫困阶层以及弱势群体有了进一步倾斜，采取了一系列有力措施，加速城乡教育、健康卫生事业的发展，力求公平。总之，要让广大人民群众享受到改革开放的成果，让人民生活得更体面和更有尊严，已经越来越成为执政党关注的大问题，“执政为民”绝不仅仅是一句口号。

“广大人民群众是执政党的执政之基，这句话应当包含这么几层意思：执政党来自人民；执政党为了人民；执政党依靠人民；执政党接受人民监督；执政党工作最终要由人民检验和评价。这五句缺一不可。”老干部说。

应看到，党是来自人民群众的。政党的成员原来就是老百姓的一员，他的父母兄弟姐妹也都是人民群众，特别是工农群众。政党离开人民群众，就成了无源之水，成了无根之木。

1944年底，有一个年轻的共产党员独自一人从哈尔滨来到位于黑龙江省离边境线很近的一个县城，已是半夜时分，后边有敌人穷追不舍。他急促之中敲了镇子东边一家的门。门开了，他进屋就说：“我是从山东老家来找亲戚的，被人打了！后边的人还在追我，还要打我。”这一家的中年妇女说：“那你就上炕躺下，就说是我们家的二儿子吧！他到同学家玩，不回来了。”过了一会儿，就听见远处传来了敲门的声音，伴随着的是查户口的喊声。当敲到这里时，这一家的大儿子起来开门。进来三个人，气势汹汹地喊：“查户口！”大儿子翻开箱子找出户口，递给他们看，并且指着屋里的人说：“这是我爹，这是我妈，这是我，这是我弟弟。”来者搜不到人也就走了。这位年轻人跪下了，他说：“你们是我的救命恩人哪，谢谢了！”家里的人这时才看到他身上有几处在流血，一边帮他擦拭、包扎，一边问他：“你还要到哪里去呀？过了江就是老毛子（苏联）的地盘了。”他说：“我也不知道怎么办了，亲戚找不到了，我无路可走了。”这一家的人说：“都是穷人，都不容易，那你就住在我们家里吧，就说是我们家从山东老家来的亲戚。”就这样他住下了。半年中，他暗地里发展了好几名党员，其中包括这一家的两个人，这就成了这个县地下党的骨干力量。你看这个党组织不是来自人民群众吗？在全国这样的故事多得很呢！同时也说明我们党靠人民群众才能生存下来呀！

处处为人民着想，就必须建立一套老百姓能参与的政治制度。中国共产党人在刚有了党的武装力量之初就深刻认识要建立民主制度。1927年秋收起义后，在三湾改编时，毛泽东就提出军队内部不能像国民党的白军那样搞封建主义、军阀主义，一定要实行民主制度。他说：“同样一个兵，昨天在敌军不勇敢，今天在红军很勇敢，就是民主主义的影响。”在著名的古田会议上，毛泽东提起，第八支队某官长爱打人，结果不仅传令兵、伙夫跑光，军需、上士及副官也跑了。还有一个大队的官长打人，结果他的队上一下跑了七个人，一个班长临走留言，说他走不是反对革命，而是受不起压迫才跑的。毛泽东说，这是红军最大的污点，实在值得严重的注意，如不赶快纠正，危险不可胜言。军官和士兵之间的关系，后来一直引申到领导与人民群众的关系。毛泽东一直强调在革命队伍里要提倡平等、民主，搞好军政、军民关系，他在1943年春节期间提出开展“拥军优属”和“拥政爱民”活动，这项活动一直延续到今天。毛主席在一次会议上还讲过“弦高救国”，也叫“牛贩子救国”的故事，说的就是君爱民、民爱国的。

春秋战国时期，有很多诸侯国。在今天陕西、河南一带，分布着秦、晋、郑多国，秦国在西边，郑国在东边，晋国在中间。公元前627年，郑国和晋国的国君同时去世了，两国都在忙着办理丧事。有一个叫杞子的人，是潜伏在郑国的秦国奸细，建议秦慕公趁机发兵偷袭郑国，并说他已做好内应的准备。秦慕公于是命令大将孟明视率领5万大军去灭郑，并交代：第一，要神速进军，以迅雷不及掩耳之势攻郑；第二，要保守秘密，不能叫郑国知道这次行动的意图。秦国到郑国路程有1200里，需要15～20天行程，十分遥远。秦军顺利通过了晋国，进入了滑国地界，滑国就在郑国北边，这时郑国可以说是危在旦夕了。一天，部队正在行军，突然有人拦住了秦军的去路，并大声喊道：“郑国使臣弦高，求见将军。”孟明视大吃一惊。心想，郑国怎么会这么快派使臣来了呢？其实，弦高不是使臣，而是郑国的一个牛贩子。在做买卖的途中他获得了秦国派大军攻打郑国的消息，就想赶快回去报信，可时间来不及了，怎么办呢？他急中生智，一面派人抄小路回郑国报信，一面挑了12头肥牛，赶着牛群朝秦军来的方向迎了上去。孟明视问他：“你来这儿干什么？”弦高说：“我们国君听说将军带兵路过敝国，特意派我前来慰问，先送上12头肥牛，以表示敝国一点心意。”孟明视一听，忙说：“贵国国君新立，我国国君担心晋国乘机侵犯你们，叫我带兵前来援助，此外别无他意。”弦高说：“我们郑国夹在大国之间，为了自己的安全，日夜小心地防范着，要是谁敢侵犯我们，我们不会让他得到好处的，请将军放心好了。”孟明视问：“照你的说法，郑国就用不着我们的帮助了？”弦高说：“如果贵军要到郑国小住，我们可以供应你们粮食和草料，保卫你们的安全。”孟明视想了一想，说：“我们这次就不到你们郑国去了，请回吧！”弦高走后，孟明视就命令攻打滑国，副将们都被弄糊涂了，问他，为什么不打郑国而打滑国了？孟明视说：“我们千里跋涉，就是为了出其不意地和杞子里应外合，没想到人家郑国已经知道了我们的用意，做了防御准备，我们远离国土，再贸然进攻，可能要吃亏。如今之计，不如打下滑国以作交差，也没有白走一趟。”

牛贩子巧计救国，说起来轻松，却是一场生死抉择。如果孟明视不中计，弦高就是死路一条；如果郑国的新国君不领情，认为你牛贩子胆大包天，敢冒充国君，定个欺君之罪，弦高也得死。但是弦高把自己的生死置之度外，这是什么力量呢？是对自己国家、对人民的爱，由此产生了勇敢和力量。这个故事说明了两个意思：一是说，爱民者，民则爱之。假如国君是昏君，欺压百姓，人民对他恨之入骨，一个普通牛贩子不可能去为之冒这个险。二是说，德莫高于爱，实在是至理名言。爱是道德的最高层次。老子在《道德经》里说：“天将建之，若以慈垣之。”就是说，如果想造就一个人，就应让他首先培育出一颗慈爱的心。老子主张，在人的培养上，应把培育他们的爱心放在第一位。

无独有偶，在我们人民解放军的历史上，也多次出现过相似的

场面。

1948年，人民解放军攻打洛阳。在炮火中，从敌人营垒中忽然跑过来一个人，解放军向他问话，他不回答，但从他急切的表情中看出他有话要说。他比划着要找上级，他在首长面前，画了一个铁丝网，又画了一只鸟，再比划着这只鸟一碰到铁丝网就死掉的样子。首长明白了，这位聋哑人要告诉解放军：那里有电网，进攻时要小心。解放军对他十分感谢。由于有了他的提醒，在这次进攻中我军伤亡数量大大减少了。可以说这位"上访者"对解放洛阳是有功的。有了军民合作才有了洛阳的解放，而由于洛阳的特殊地位，洛阳的解放又预示了一个接一个的胜利。在讲这个故事时，有人会问：解放军首长为什么不怀疑那聋哑人是敌人派来的密探呢？这个问题还需要回答吗？这个问题对其他的军队都可以问，这是一般的常理，然而对人民解放军，是个特例。因为相信群众，依靠群众，是解放军的专利。人民群众热爱解放军，支援解放军，是人民解放军与其他军队的根本区别。

1949年，国民党失败后，被赶出了大陆。陈诚先期到了台湾，然后他们就总结失败的教训，也就是败给共产党的教训。后来他们悟出来了一条，就是失去了民心，知道老百姓都支持共产党和解放军，这样国民党始终是失败的。于是他们学着共产党的样子，在台湾搞起了土地改革，也叫做"耕者有其田"。开始是要搞兵农政策，就是给国民党老兵分田。陈诚说："那不行，那样就惹怒了老百姓了"。以后，就只是把地主的土地用有偿的办法收回来分给了农民。就这样得到了当地农民的拥护。开始地主反感得很，因为是有偿的，地主也没法反对了。再一个就是搞基层选举，搞他们的民主。有人反对民选，陈诚说："一定要还政于民。"他们挑选在地方上有声望的、孝顺的人，鼓励他们出来参选，开始这些人不敢出来当什么议员，陈诚说："你不出来我就抓你！"这些人只好勉为其难，出来当议员了。从这两条看，他们已感到了执政的基础必须是建立在老百姓拥护的基础上。

执政的基础是人民，是人心所向、人民的拥护。人民群众满意不满意、高兴不高兴是根本标准，也是最高标准、最终标准，不应该有其他的标准。胡锦涛总书记在纪念建党90周年大会上的讲话中指出："90年来党的发展历程告诉我们，来自人民、植根人民、服务人民，是我们党永远立于不败之地的根本。"所以，能否始终坚持全心全意为人民服务的根本宗旨，关系到党的事业的兴衰成败与生死存亡。

乐民之乐者，民亦乐其乐；忧民之忧者，民亦忧其忧。没有一种根基能比扎根人民更坚定；没有一种力量能比从群众中汲取更强大；没有一种执政资源，比赢得民意更珍贵持久。

大家可能听过安泰的故事吧，安泰是希腊神话中的巨人。他力大无比，没有人能够战胜他。他的敌人用尽一切办法还是打不倒他，就用金钱美女去拉拢安泰的亲戚，从他的亲戚那里得知，安泰的最大弱点就是怕离开地面，因为大地是他的母亲，他的力量都是从大地母亲那里获得的。于是敌人就想办法把安泰举了起来，在空中把安泰扼杀了。英雄离开了大地就没有了力气，政党离开了人民就没有了底气。

这个道理，对战争年代和和平年代都是适用的。在战时，如果统兵打仗的将帅们视人民如父母，视士兵如亲兄弟，加上会用人，懂谋略，则战必胜；如果鱼肉百姓，或打骂士兵，加上不团结，不同心协力，则战必败。

唐朝诗人杜牧就西楚霸王项羽在乌江自刎的故事，提过一首诗：胜负兵家未有期，包羞忍耻是男儿；江东子弟多才俊，卷土重来未可知。后人评论说，项羽刚愎自用，就靠他那种用人、带兵方式，即使回到江东，能否还有那么些江东子弟跟他卷土重来？

毛主席曾改过这首诗，将"未有期"改为"自有之"，是说谁都不可能百战百胜；将"忍耻"改为"含辱"，打了败仗本身并不是可耻；将"才俊"改为"材俊"，革命的资源不仅包括人才，而且包括物质力量。

在和平年代，如何对待老百姓呢？防民于口，甚于防川。这句话自古就有，不是说防口比防川困难，而是说防民之口的危害远远大于防川之害。历史上凡是堵塞言路的，都不得人心，以民为敌，终归要垮台。要依靠和相信人民，而不是愚弄、欺骗和害怕人民。

毛主席多次讲过，要多听人民群众的意见，才能当好领导。不要怕群众提意见，要欢迎大家批评指止。特别是要充分发挥报刊的作用，叫人民多发表意见，听取大家的建议。他说："人家提提意见有什么不好？文教、报纸、刊物、戏剧，都是教育人民的工具，要经常教。不要头痛医头，脚痛医脚。……凡是科学方面的问题，思想方面的问题，精神方面的问题，都不能用粗暴的方法。有两个方法，一个叫压服，一个叫说服。是采取压服的方法，还是采取说服的方法？现在我们有的同志等不及了，大有要压一下的想法。压是压不服人的，只会使我们处于不利的地位。如果用压服的办法，我们就没有理，就站不住脚，我们就输了。我们要学会说理，学会写说理的文章，学会作说理的报告。曾经有个同志跟我讲：'搞那么多道理，老子就搞不惯。老子就是一冲。'我说你一冲呀，不能解决问题，要加以分析，要研究，写出有说服力的文章才行。至于各种错误的意见在报纸上、刊物上发表，开座谈会评论，会不会把我们的天下搞乱，把人民政府搞倒，我说完全不会。"

习近平同志说过："我们共产党人的最高利益和核心价值是全心全意为人民服务、诚心诚意为人民谋利益。作为党员和党的干部，都要经常思考和解决好入党为了什么、当干部干些什么、身后留下什么的问题，决不可为个人或少数人谋私利，而应该始终坚守共产党人全心全意为人民服务的精神家园。"

从领导干部身上看执政党

中年人说："如果领导干部能做到执政为民，百姓生活富足，自然会感念执政党的好，拥护执政党，党的干部也就会受人敬重；相反，如果领导干部鱼肉百姓，使百姓生活在水生火热之中，必定使执政党根基不稳。所以，历朝历代，人民大众对执政者的满意程度，更多地集中在对各级官员的评价上。"

老子曾在《道德经》中向我们介绍过历史上几种不同的治国理念。他说，远古时代的君主以道治国，这是最好的治国方略。那时的君主完全以自然无为的原则施政，与人民相安无事。这时的君主，百姓仿佛感觉不到他们的存在似的。后来的君主以仁义治国，这是次一等的治国方略。这时的君主，不是奉道为至上，而是施百姓以仁义。百姓因感其恩而为之表示拥戴以至为之歌功颂德。再后来的君主以礼法治国，这是再次一等的治国方略。礼法维护的是森严的等级制度，百姓自然会对君主产生一种畏惧之情。最不济的君主则以伪诈之术治国。这时的君主把道、仁义、礼法置于脑后，视百姓为草芥、滥用刑罚、横征暴敛。百姓自然会对君主产生一种憎恶以致反抗之心。老子告诉我们，以道治国是上等之选。这就要求治国者必须具备无私奉献的品质，必须以民为本，必须按客观规律办事，如此必能保证“国既富，民且安”。

历史上，人民大众对贪官的恨，对清官的爱，都是家喻户晓、妇孺皆知的。中国老百姓都把包公（包拯）叫做“包青天”，是赞颂他秉公执法。到开封市，旅游者都要去参观开封府尹，那里有座碑，正面刻有历届开封府尹的名录，可就是找不着包拯的名字。这是怎么回事呢？讲解员告诉大家，碑上有一块地方是平平的，看不出字了。原来是因为老百姓对包拯的热爱，每一个来参观的人都用手轻轻地去抚摸包拯的名字，久而久之，“包拯”两个字被磨平了。可见，清官在老百姓心中的地位。而在现代，各级官员改称为“公务员”后，人们更加关注其是否为人民服务。

现在人们所说的“公务员”，是指从国家领导人到街道、乡镇办事人员这一个庞大的群体。这个群体既是各项政策的决策者，又是政策的执行者，他们的一言一行和老百姓的利益息息相关。公务员的价值取向，决定了他们的言行。在这些人之中，一心为民的模范层出不穷，为人民称赞，就是去世了，人民也依旧怀念他；还有一些人，为一己私利或为小集团利益，坑害群众的利益，为民所痛恨。充分证明了胡锦涛同志所说“四大危险”的存在。

为官之道，首先要明确为官者的社会定位。老子的《道德经》中有，“贵以贱为本，高必以下为基。”这段话是什么意思呢？它包含两层含义：其一，人民大众虽然好像很卑微，却是高贵的侯王、达官们赖以生存的根本；其二，人民大众是一个国家的根基，离开了这个根基，建筑于其上的国家政权便无法存在。“是以侯王自谓孤寡不谷。此非以贱为本耶？非乎？”老子的这几句话的意思是：侯王之所以把自己看做是无力自养的如孤如寡的凡人，正是他们懂得很卑微的大众才是他们立身之根基，这样说难道会错吗？老子要求为官者必须以人民的利益为依附，想他们之所想，图他们之所图。治理天下的人，必须以一种诚惶诚恐的心态，努力收敛自己的欲望，做到为天下百姓而保持一颗纯净的心。

“2012 年 8 月 15 日，在辽宁省抚顺市举行公祭雷锋同志牺牲五十周年仪式。从全国自发到抚顺参加纪念活动的达数万人。我听雷锋班的战友和当地的老人回忆起 1962 年 8 月 17 日为雷锋同志送葬的情景。‘那一天，下着毛毛细雨。我们站在灵车上，送葬的人群，一眼望不到边哪！不管是年迈的老人，还是少先队员，还有数不清的工人、干部，胸前都戴着小白花，流着泪，来送这位平凡的战士。有一位老大娘哭得昏了过去，被人抬走了。一群戴红领巾的孩子哭成了泪人。从大礼堂到戈布公墓，路两边都站满了人。’很多年轻人听了这个描述，十分惊讶：一个年轻的解放军战士、一个普通的共产党员，为什么会有这样壮大的送葬场面？人民群众为什么要自发地来为他送行？多少年了，老百姓为什么还那么怀念雷锋？”老干部回忆了一下说。

一位老同志说过，在他一生中见过三次这种送葬的场面，一个是焦裕禄，一个是雷锋，还有一个是周恩来。这说明了什么呢？

雷锋说过：“人生总有一死，有的轻如鸿毛，有的却重于泰山。我觉得一个革命者活着就应该把毕生精力和整个生命为人类解放事业——共产主义全部献出。我活着，只有一个目的，就是做一个对人民有用的人。”我们每个共产党员，每个领导干部，每个公务员，如果都能像雷锋那样活着，做一个对人民有用的人，一心为人民着想，那他本人一定会受到人民的拥护，我们党就有了坚强的执政基础，就有了长期执政的坚强保证。这是毋庸置疑的。反之，如果处处为个人着想，为少数人着想，以权谋私，坑害百姓，就必然会受到老百姓的谴责，执政党的执政基础就会被削弱，就不可能长治久安，在西方世界极力实施的“颜色革命”中，就很可能被冲垮，革命前辈用生命和鲜血换来的政权就会被葬送。

而有的领导干部滥用职权、贪图享受、横行霸道，造成了很多恶性案件，不断地突破老百姓心理承受的底线。老百姓的情绪就如一堆干柴，一有火种就会燃起大火。清朝时有一个县官，离任时老百姓给他送了一块匾，上面写了“五大天地”四个大字，他问这是什么意思，老百姓说：“你一来就花天酒地，你的县衙修得金天银地，治安管得昏天黑地，老百姓气得呼天唤地，现在你滚蛋了，我们都谢天谢地!”这个县官差一点儿被气死。这样的官，再当下去，老百姓真的就要造反了。

现在已经到了21世纪，人民有了饭吃，人的需求要上升一个层次了，人们更多地关注公平、尊严、民主权利，所以更加关注官员们的形象，纳税人关注自己交的税花到哪里了；人民大众关注人民赋予的权力党都是怎么用的。由于传媒手段的现代化，能够更快捷、更准确地关注到每一个官员的形象。领导干部滥用职权、贪图享乐、横行霸道，就会被迅速传播开来，就会引起广大民众的不满和议论。如果公务员中腐败的人越来越多，事件性质越来越严重，而政府对其又无有效惩治；如果公务员对人民生活不关心，和全国老百姓不是一条心，而越来越多的在给自己留后路；党和政府的官员越来越对中国没信心，把自己的亲属安排到国外，把自己的财产转移到国外，给自己办了西方国家的绿卡，随时准备溜之大吉，越来越多的官员当“裸官”；如果公务员只和黑心商人一条心甚至做其帮凶，为其谋利，疯狂地掠夺人民群众手中那一点刚得到的实惠，如果任其发展下去，执政党的根基不可避免地会被动摇。唐朝的杜牧说过：“灭六国者，六国也，非秦也；族秦者，秦也，非天下也。”

老干部看着年轻的准公务员说：“现在公务员考试可说是够热的了，

但是当公务员仅凭一张试卷就决定了吗？为什么当公务员？公务员应怎样对待人民群众？这些最根本的问题不是靠考试就能知道的，而这些根本问题不解决，很难保证年轻人进入公务员队伍后不会很快地变为‘老爷’。这说明在培养和选用年轻干部时，还必须采取多方面措施去教育、培养和监督、考察。我们现在遇到的‘脸色难看’、‘门槛难进’、‘事情难办’的年轻公务员，不都是经过近年的考试进入公务员队伍的吗？所以，年轻人，我知道你考上公务员着实不易，进入这个队伍后需要摆正心态。”

2012年10月，《人民论坛》杂志做了一项问卷调查，结果显示：65.8%的受调查者认为，当前的官本位现象十分严重。68.5%的受调查者择业时优先选择“党政机关公务员”，曾经一度淡化的官本位现象，当今又回潮了。官本位的本质是“权本位”，消除官本位的最有力措施是加强对公共权力的制约和监督。在由上级领导甚至于由上级的某一个人决定干部的命运的今天，由于官不是由人民给的，而是上级机关或一个人给的，要求公务员有很强的公仆意识就是不现实的。“跑官”、“要官”甚至“买官”，屡禁不止也是不奇怪的。只有实行公开选拔，选民可考官、罢官，有进有出，有升有降，才能将“民畏官”变为“官畏民”，官本位现象才能逐步降温。

改革开放以来，我国曾两次出现公务员“下海”的高潮，最突出的一次是在建立市场经济之初。不过后来下海的官员又大都上岸了，其中的原因，主要是创业环境发生了变化，下海者感到与公职人员比，已不占优势了。只有当公务员不再是稳定的、终身性的，不成为既得利益群体时，才能消除官本位的影响。

实践已经无数次地证明了：一个公务员要事业有成，光靠知识和才能是不行的，必须像雷锋那样，有崇高的品德，诚心为民；一个领导干部要想有威信，光靠手中的地位和权力不行，必须像雷锋那样，全心全意为人民服务；一个政党要长期执政，光靠胜利者的身份不行，必须像党章所写的那样，始终和广大人民群众站在一起。试想，如果我国的政治体制改革进行下去，如果真正建立起“小政府大社会”，如果公务员的职责主要是服务，那么考公务员是否还能那样火吗？在海南省的改革中，发生了这样一些变化，现在看来，值得我们深思。

1987年，海南筹备建省，准备搞中国第一个“小政府大社会”的先行单位。那也是很多人的期盼，希望在海南看到中国政改的一点点光亮。设计者找来了世界上20多个国家的行政机构设计小册子作参考。经过讨论，设计者们形成了两点共识：一是建立与社会主义市场经济相适应的国家机构体系；二是新的经济特区，要精简机构，建立一个“小政府”。之后，设计出的省级机构设置确定为17个厅，最后经过讨论，妥协为26个厅级部门，而当时其他省份设置的厅级机构有60多个。1988年9月，“小政府大社会”的行政体制改革方案出现在海南省第一次党代会的工作报告中，具体内涵包括党政分开、政企分开、精简高效、法制健全、下放权力。当时的海南省第一任省委书记和第一任省长就说过，“小政府大社会”的改革，要干只能干一次，第二次就干不动了。因为在建省之初，大家都是局外人，屁股都没坐稳，改革的阻力是最小的。大家信心还是比较足的。这说明人们都知道政改是一件难事，都有思想准备。可没想到，改革的艰难比预想的还难。

地方官员本来想指望建省之后能够大面积升官，没想到这个美好的愿望却被“小政府大社会”给断送了。部分主管单位被撤掉了，被转制为公司，就是说，一部分官员被赶向社会去了。有的是4个厅合为一个厅，招来了一片骂声。本来设计的“上级领导找不到的部门”，就是为防止来自上级的阻力，这后来真成了改革的一大阻力。每个上级部门来海南都做出指示：海南要健全机构。有的以没有对口部门就不给拨款为要挟，要求必须尽快建立对口单位。一个厅的领导，对口上级四个大部，不行，必须一个对一个！在海南岛，冬天的接待工作之繁忙也是可想而知的。

正因为此，开始的改革靠上级命令勉强执行着；随着时间的推移，逐渐显得力不从心了。有的厅不得不分成两到三个厅，现在，海南省的机构设置，和其他省已相差无几。除了文体厅还在“红旗不倒”外，整个改革已和改革之初的设想和目标相去甚远了。谁都知道，一个低成本、高效率、小而精、科学有效的政府，才能做到为民服务，以民为本。而这里面，先要解决的仍然是一个为什么人的问题，是公务员队伍的根本宗旨问题。从这个意义上说，进一步的改革就是维护老百姓的利益，而削弱的是既得利益阶层的势力，机构改革的阻力主要来自这个阶层。如果要经过这个阶层批准才搞改革，就只能是放弃改革或是搞假改革了。所以这场改革比起改革开放之初的改革肯定难度大得多。是为民众设想还是为个人及本部门设想，这就决定了机构改革的方向。

有人提出过这样的问题：应该是由胜利者执政，还是由能者执政？我看应该是由有德有能的人执政，胜利者如果又是有德有能者，该多好。而这正是中国共产党的全体党员干部应努力奋斗实现的目标，也就是执政党干部的标准。毕竟当年打江山的英雄们，即胜利者们，现在都退出领导岗位了。年轻的一代领导干部都是在和平环境下成长起来的，如何取得执政的资格？或许有人会说，公务员必须经过考试上岗！这有一定道理。不考试，不会使人了解你。但经过考似，就一切都解决了吗？有人说，可以让第三方来推荐干部，这是个好主意，可以超脱一些，可以解决领导干部在用人上的回避问题，但仍不能解决根本问题，是否能全心全意为人民服务？仍要靠实践来检验。还要解决进来后的淘汰问题才行。要有培养教育、监督管理制度，一旦发现偏离党的宗旨的，就撤换掉。在公务员队伍中，不能搞终身制和“铁饭碗”。

雷锋精神引入反腐倡廉

“所以说，深层的解放思想，深层的改革开放，是党的每个成员纯洁性的考场。”老干部接着说，“胡锦涛说：‘我们党作为马克思主义执政党，只有不断保持纯洁性，才能提高在群众中的威信，才能赢得人民的信赖和拥护，才能巩固执政的基础，才能实现党和国家的兴旺发达，长治久安。’为了保持党的先进性和纯洁性，有的同志提出了一个问题：应该将雷锋精神引入反腐倡廉建设。我看这很有必要。”

“这个从何谈起呢？”年轻人问。

雷锋精神集中体现了我们党的性质、宗旨和我们党的优良传统，凝聚了共产主义思想和中华民族传统美德，顺应了社会进步的时代潮流，彰显了我们党的纯洁性和先进本色。将雷锋精神写入党员领导干部的必修教材，是理所当然的。

首先，坚定的理想信念是雷锋精神的核心和灵魂，也是反腐倡廉建设的核心和根本。雷锋精神闪耀着共产主义信仰的光辉，这是他短暂而光辉一生中，立场坚定，无私奉献，永远跟党走的内在动力。他说："我就是长着一个心眼，一心向着党，向着社会主义，向着共产主义。"雷锋用他坚定的信仰，在人民心中树起了一面永不褪色、永放光辉的伟大旗帜。不同的信仰，决定不同的人生追求和思想境界。在反腐倡廉建设中，就是要教育党员干部像雷锋那样，坚定共产主义信仰，加强世界观改造，真正解决入党为什么，现在党员干部应该做什么，将来身后留什么的问题，自觉把自己的人生融入为党和人民伟大事业奋斗之中，始终保持清醒头脑，防止以权谋私、腐化堕落。

其次，雷锋把自己的命运和人民的事业紧紧联系在一起，将有限的生命投入到无限的为人民服务之中，用深刻而生动的语言表达了他的人生观和价值观。在雷锋的一生中，虽然没有做出什么惊天动地的壮举，但是他把一生毫无保留地奉献给了人民，并达到了忘我的境界。我们可以抓住雷锋精神的这个精髓，把全心全意为人民服务作为出发点和落脚点，牢记人民是事业的靠山、政权的根本，坚持人民的利益高于一切，树立正确的政绩观、权力观、利益观，保持公仆情怀和平民本色，一尘不染，一身正气，反腐倡廉。

再次，艰苦奋斗是雷锋精神的重要内容。雷锋说过："在工作上，要向积极性最高的同志看齐；在生活上，要向水平最低的同志看齐。"在雷锋身上，集中体现了共产党人甘于奉献、勇于吃苦的精神境界和艰苦朴素、艰苦奋斗的政治本色。中华民族的伟大复兴，必然需要一个长期艰苦奋斗的过程，党员领导干部必须像雷锋那样，迎接挑战，艰苦创业，带领群众建设小康家园。要坚决地克服贪图安逸和享受，不愿艰苦奋斗、奋发图强的思想。

还有，爱岗敬业是雷锋精神的价值体现，“做一颗永不生锈的螺丝钉”是雷锋的名言，也是雷锋的行为准则。他干一行，爱一行，专一行，爱岗敬业，无私奉献，甘当革命的螺丝钉，顾大局，忠职守。在反腐倡廉建设中，领导干部必须像雷锋那样，增强责任心，提高履职尽责能力。

所以，弘扬雷锋精神，用雷锋精神武装公务员的头脑，推动反腐倡廉建设，广大党员像雷锋那样，见贤思齐，见不贤而内省，就一定会减少腐败现象，涌现更多的最美人物，中国共产党就一定会赢得人民大众的拥护和爱戴。

“说到这里，使我想起老子在《道德经》里阐述的执政理念，雷锋精神就有很相似的地方。这些理念对我们理解现代社会所需要的管理理念也是很有意义的。”中年干部说。

上善若水思想。这是说统治者一心为民办事，干了好事实事，不愿宣扬，不图名利，躲到人们都不愿去的又低下、又阴暗的地方去了。这和雷锋精神的只知奉献而不知索取的精神是一致的。老子的书中有好几处歌颂水的品质：水是利他的，水是不争的。这是比喻专门利人、毫不利己的精神，是只施恩泽而不求报偿的大道精神。

执政为民思想。老子说，一定要站在老百姓的立场上，为他们谋福利，而千万不能站在他们的对立面，去做损害他们的事，否则就会自取灭亡。这和雷锋精神中的全心全意为人民服务思想是一致的。“爱民治国，能无为乎?”这是外王之道，即治国之道。老子主张，治国者必须把自己修炼成无私无欲、诚心爱民的圣人，才能担当起治国的重任。

无为而治思想。不是统治者不干事，而是说不去干扰老百姓的正常生活、正常工作，顺其自然地、遵循自然法则地管理。老百姓就会安居乐业、和谐美满。这和雷锋精神中相信和依靠群众思想是一致的。老子要求统治者对权力、欲望进行自我约束，实行无为、无事、无欲的治国原则。同时主张通过实行清静无为的政治，让老百姓享有自由民主的权力。

所以说，雷锋精神运用于党的执政理念上，确定无疑会成为重要的精神力量。

执政党的一切工作的出发点都是为人民服务，是一切工作，而不是一部分工作。这其中包括政治也要为人民服务。要做到这一点，就要克服多年的惯性，要转变观念。就是说，我们多年都说为政治服务，那么政治又是为谁服务的呢？应该说，归根结底都是为人民服务，当然就包括政治，也无例外地应该为人民服务。要不怎么叫做人民的利益高于一切呢？政治本身不是目的，是达到目的的手段。虽然可以说是非常重要的手段，但是它也只能是手段，目的只能是为人民的利益而奋斗。政治从属于人民的，才是正确的；不从属与人民，就是错误的。之所以有的干部常把领导与人民对立起来，根本原因是有个习惯的意识，就是"一切服从于政治"，总想把政治置于人民利益之上，自己就永远摆不正位置。总想叫人民服从政治需要，那个政治是谁的政治？

坚持弘扬雷锋精神的领导干部，必定会极力倡导为民谋利，为民解难，不会去为自己图私利，更不会坑害老百姓。

加强自身建设

"还有一个不可回避的话题，在某些西方国家致力于'颜色革命'之时，一些国家政毁人息的情况会否在中国发生？这个问题是世界上很多人在研究的问题，特别是西方学者，更是极度关注中国，他们常提出的问题是，中国共产党为什么能长期执政？"老干部将这个问题抛向大家。

早在中国改革开放之初，一些西方学者就提出，中国现代化进程的快速推进，将在中国政治中产生新的紧张关系和抵触力量。在西方看来，腐败是中国改革的一大挑战，给中国共产党带来了生死攸关的合法性危机。西方习惯于把民主化与中国共产党对立起来，认为民主化必然使中国共产党垮台。而事实证明，正相反，中国共产党在民主化和改革中发挥了领导作用，而不是在改革中消亡。中国共产党在中国实行的民主化不会是西方的那种民主体制，中国共产党也不会失去执政地位。中国一定会走出一条新路，不被西方世界实施的“颜色革命”所影响，中国共产党继续领导民主化和改革的伟大进程。这里的关键是中国共产党自身的反腐败能力强大，使党始终保持自己的先进性和纯洁性，始终全心全意为人民服务。

既然如此，各级领导干部，就都应该有忧患和自省意识，要时刻站在人民的角度审视自己，否则就会背离信仰，而越走越远。

人皆有爱憎，爱憎要分明。爱憎分明了，就知道自己应在哪里站稳脚跟了，知道自己一生为了谁，反对谁了。1954 年，毛泽东到浙江绍兴参观了鲁迅故居，在鲁迅笔下经常提到的三味书屋和百草园里徘徊寻觅。他对陪同参观的浙江省委书记谭启龙说：“绍兴是越王勾践卧薪尝胆的地方，也是中国现代伟大的思想家鲁迅的故乡，鲁迅有两句名言你知道吗？横眉冷对千夫指，俯首甘为孺子牛。我们共产党员就应该有这种精神。”

毛泽东所主张的，在雷锋的意识里有了明快地表露：“对待同志像春天般的温暖”；“对待敌人像严冬一样残酷无情”。一爱一恨，十分明白。周恩来为雷锋题词第一句就是“憎爱分明的阶级立场”。有人说，现在不搞阶级斗争了，这句话过时了。但这有一定的片面性。人能没有爱憎吗？爱憎能不分明吗？能糊里糊涂的吗？在今天，爱什么，憎什么，和当年相比，是有所变化了，但基本的立场是要有的，对广大人民群众的爱要始终如一，对危害社会的贪官、奸商的恨能变吗？人类，人类，人是分类的，在阶级社会里，人分阶级，现在是无阶级社会吗？不是，是有阶级的社会，有阶层，也有阶级。我们不搞阶级斗争为纲了，是要把四化建设当中心工作了。这是完全对的。但提出热爱人民，为人民服务，还是需要的。亲近那些贪官和奸商，就无法为人民服务，这是千真万确的。这一点也没有过时。要不然就不知道自己为谁工作了。

今天年轻的一代领导干部，应是更有情感的，应爱人民、爱党、爱国家，应当恨敌人、恨贪官、恨奸商，为人民奋斗不息，为祖国奋斗到底。这样站在什么立场上就清楚了。

就拿企业来说，企业发展靠什么？2011年媒体报道，中国内地市值排行前50名的上市公司中，有34位退休高官在这些企业担任独立董事，其中不乏副部级以上高官，企业为什么如此热衷于退休高官，众人都心知肚明。许多“高管高薪”的背后是见不得人的交易。纯粹是想方设法把国家的钱、老百姓的钱塞进个人的腰包里，企业和个人发了财，公共利益受损。让企业不正当地获得机会，破坏经济秩序，损坏公平环境。同时拉大了薪酬差距，扩大了贫富差距。其背后是严重的权钱交易、贪污腐化。用退休高官也好，用有特殊关系的人也好，都有通过在岗的高官来达到获得机会和特殊利益的目的，都是坑害国家、坑害人民，损公肥私的。在这种环境下，年轻的一代公务员何去何从？需知，这些官商勾结，害国害民的事，正是经这一代年轻人的手，来达到他们的罪恶目的。作为一心为人民建功立业的一代年轻有为的公务员，心里要有一根警惕的弦才是。要想不在年轻时就陷于绝境，自决于人民，悔恨终生，就靠自己的骨气了。在复杂的人际关系面前，是如法炮制，亦步亦趋，跟着走下去，当坑害国家利益的小卒子，还是心地善良地为国家考虑，干一点有良心的事，稍微改变一下，至少是不去做让老百姓指着脊梁骨痛骂的人？

具有深远意义的党的第十八次全国代表大会鲜明地回答了我们党在新的历史关头举什么旗、走什么路、应有什么样的精神状态、朝什么样的目标继续前进的重大问题。这是向国际社会的郑重宣示，是对人民群众热切期盼的积极回应，是对全国人民的庄严承诺。这次大会十分关注党群关系、干群关系，提出要完善党员干部直接联系群众制度，专门部署了在全党深入开展以为民务实清廉为主要内容的党的群众路线教育实践活动。这些思想和举措，针对性很强，是对人民主体地位思想的重申，是党的执政理念的充分表达，也是对当前干部脱离群众倾向的高度重视。十八大报告向全党发出了号召，面对人民的信任和重托，面对新的历史条件和考验，必须增强四个意识：忧患意识、创新意识、宗旨意识、使命意识。这些，对党员干部树立全心全意为人民服务的意识，密切联系群众，打牢党的执政的坚实基础具有十分重要的意义。

新时期，执政党自觉地进行的自身建设是长期执政的前提条件。必须全力加强自身全面建设。从以下各方面下工夫：坚定理想信念，坚守共产党人的精神追求；坚持以人为本、执政为民，始终保持党同人民群众的血肉联系；积极发展党内民主，增强党的创造活力；深化干部制度改革，建设高素质执政骨干队伍；坚持党管人才的原则，把各方面优秀人才集聚到党和国家事业中来；创新基层党建工作，夯实党执政的组织基础；坚定不移反对腐败，永葆共产党人清正廉洁的政治本色；严明党的纪律，自觉维护党的集中统一。这表达了我们党对全国人民的庄严承诺和对全世界的郑重昭告。执政党的全体党员一定要牢记全国人民的信任和重托，更加奋发有为，兢兢业业地工作，继续推动科学发展、促进社会和谐，继续改善人民生活、增进人民福祉，完成时代赋予的光荣而艰巨的任务。

对年轻的准公务员来说，两位长辈的话，可谓句句戳心，也给了他深深的震撼。自己立志当一名公务员，做好自己的本职工作，从没深入的考虑过如何为人民工作，如何通过自身的言行，使百姓更依赖党。党执政的基础是人民的拥护。那么就要明白人民群众有什么样的需求，有什么期望，有什么要求。只有知道了这些，才能知道应该当一个什么样的党员干部。年轻人猛然感到自己的工作任重而道远。

第六章

热切期盼

雷锋

学雷锋是建设和谐社会的重要条件，但不是光有学雷锋精神就能建设和谐社会了。领导干部学雷锋可不是只学助人为乐做好事这么简单的。领导干部要履行职责，不能放弃的是良心和责任，该讲话时就要站出来讲话，该做主时就要为老百姓做主，因为老百姓在很多时候还是属于“弱势群体”。所以说，老百姓对领导干部的期盼就是希望干部能为民说话，听民说话，想民之所想。

火车再次停站时，这个包厢迎来了一名新乘客，一名小学教师。他看大家在讨论雷锋，讨论领导干部，很快便加入进来。

老干部说："近年来，在经济快速发展的大好形势下，也出现了一些不尽如人意的现象，特别是在社会风气方面，人们感到诚信缺失严重，人与人之间可信程度降低。失去了人间温情，这比缺衣少食还另人心痛呢。"

"是啊！人们叹息'雷锋叔叔不见了'老人摔倒在地，常常不敢去人帮助；小悦悦被无情碾压，无人救助，可怜的小生命离开了，人们说：'悦悦睡着了，国人该醒了。'可是国人现在都醒了吗？"年轻人说，"我们多么希望人与人之间保持一种温情，一种关爱。"

雷锋回来了

无助，会渐渐演变成冷漠和无望，这个时候人们需要一个希望，一个正面的、积极的形象，让人们可以去学习和崇拜，并从而感受到世间还是美好和温暖的。

就在这个时候，党的十七届六中全会作出了《关于文化大发展大繁荣的决定》，提出了文化也是社会主义现代化建设的重要内容，文化建设包括科学文化和思想道德两个方面的内容。在思想道德建设方面，该《决定》提出全国人民学习的榜样就是雷锋。"深入开展学雷锋活动，采取措施推动学习活动常态化。"短短 22 个字，反映了雷锋短短 22 岁人生旅程给人间留下的宝贵精神财富，反映了雷锋精神对我们这个时代的重要价值和伟大意义。

五十年的传承，五十年的积淀，五十年的发展。正如胡锦涛所说，一个年轻的战士，能够影响几代人的成长，一个学习活动能够经过几十年而历久弥坚。这充分证明了，雷锋精神对于我们这个民族，过去具有，现在仍然具有重要价值和深远意义。

从十七届六中全会后，学雷锋活动更加受到欢迎，这也可以看出老百姓对雷锋精神的敬仰和期待。由中国学雷锋基金管委会联合军事博物馆和中国摄影家协会举办的《不朽的丰碑，永远的榜样——大型原创雷锋事迹摄影展》，在军事博物馆展出 10 天，观众达 18 万人，参观场面之热烈，群众签名、座谈发言之踊跃，前所未有。90 多岁的老人坐着轮椅来观看，五胞胎少年来展览馆学雷锋过十岁生日，共产党员、共青团员打着旗帜在雷锋像前合影留念、宣誓，将军给士兵讲解，老师给学生讲解，雷锋生前战友给大学生讲解。国家机关工作人员知道后，挤时间来参观，财政部领导要求以各司局为单位去参观，都要座谈发言。展览给人们还原了一个真实可信、可亲可敬可学的雷锋。这次应观众请求延长了的展览，勾起了人们对雷锋的怀念之情，对雷锋精神的怀念之情，对社会上人与人之间温情的热切期盼，有的人看了还流下了激动的热泪。这次展览是 1993 年以来，在军事博物馆首次展览雷锋照片，而且是社团组织牵头举办的，也令人联想到许多问题。这次展览被观众誉为“展出的照片最全、讲解员最权威、布展的结构最新颖、效果最感人的雷锋照片展览。”

伴随着雷锋照片展览，学雷锋基金管委会组织由雷锋战友等组成的四个报告团，分别由退休的将军带队，到国家机关、高等院校、军营、社区等宣讲雷锋精神，引起强烈反响。

应各地邀请，展览和报告会正在全国陆续开展，每一个展览现场和报告会会场里，都出现了许多极其感人的场面。这些活动反映出广大人民群众的热切期盼之情。

而在热烈场面之后，我们的领导干部们该思考一些问题。这些问题也是人民群众热切期待解决的。大家都期盼在我们这个社会里，传承和发扬雷锋精神，使得人与人之间有温情，公务员对群众有热情，全国人民对祖国未来有激情。而这个期盼该如何实现，从谁做起呢？

《北京晚报》曾经刊登过一篇题为“咱想帮帮人，怎么这么难”的文章，讲的是北京市的“爱民车队”的队员们。他们长年用业余时间去帮助那些有困难的人。一天下大雨，一位队员想，这样的天气，出租车肯定很紧张，于是放下筷子就开自己的车上路了。外边雨很大，他在一个地铁站口等着，可是，他说了好几遍“我送你回家，不要钱”，可就是没有人敢上他的车。后来总算上来了一位女士，人家还是冒着打“黑的”的风险上的车。在车上，他和她解释说：“我家就在附近，看到下雨了，出来帮助一下有困难的人，不要钱!”这位女士一脸疑惑地听着。这位队员告诉她：“我出来做好事，可一路上问了好几个人，没有一个像你这样大胆地上车的。否则，还能多帮助几个人呢!”把她送到家后，真的不收分文，两人愉快地告别。回到家后，这位女士把这件事发到微博上。有位网友评说，他也曾在一次遇到一位抱小孩的妇女打不着车，想过去帮忙，可惜自己的好意被扼杀在对方怀疑的目光里了。这位女士在网上说：人与人之间多点信任，世界会更美好，感谢这位年轻人，让我对北京多了一份温暖而美好的回忆!

党中央多次强调要营造学雷锋的良好氛围，指出，要高度重视学雷锋活动的宣传报道，建立长效机制，唱响道德建设的主旋律，广泛报道先进人物的感人事迹，在全社会形成崇尚先进模范，学习先进模范，关爱先进模范的良好风气和践行雷锋精神、争当先进模范的生动局面。这段讲话如一股春风，带来了学雷锋的新气象。

与此同时，从政府机关到专业协会，都在想方设法为学雷锋、助人为乐的行为保驾护航。例如，有的人主动为救助行动提供法律支持，有的人提出建立“助人免责”、“助人受助”机制的建议，还有人提出不能让助人为乐者受穷、不能让见义勇为者受困，等等。所有这些都是对道德建设的强力支撑。当然，作为社会的管理者，公权力机构是社会道德的重要基石。如果公权力机构充满暴力、酒驾、强拆、欺骗、腐败等劣行，其引发的道德波动就不容忽视。公信力是公权力的基础，领导要取信于民，使党内信得过，人民信得过。管住权力之手，筑牢权力公信，同样是在倡导道德风尚，也是为道德建设创造良好的氛围。

为道德风尚撑腰，更重要的是每个人的道德自觉。使人们认识到，助人，不仅是奉献，更是幸福的收获。恪守诚信会受到赞美，帮助别人也会收获致谢。践行道德不是为图报，但“德福一致”，理应成为社会共识，这是十分珍贵的全社会的财富。道德风尚建设社会，社会提升道德，相辅相成。

领导干部学雷锋

老师说：“我是一名小学老师，学校里开展学雷锋活动，学生热情很高，老师的积极性也很高。可总觉得效果不如我们小时候了。以前学雷锋，多数人是支持的，就是有人不积极，也只是行动上迟缓一点，可口头上谁能说反对？现在可有人‘理直气壮’地说风凉话了。有一次我们要开展宣传活动，需要和政府机关联系一下，也不需要他干什么，只是来一个人到现场讲讲话就行，就这样还受了气。人家接待我们的办事员说，都什么时代了，还学雷锋？说这话的人也就是30岁出头的样子，新上岗的公务员，看样子，到公务员队伍里也就几年时间吧！”

老干部问：“他们为什么对学雷锋这么消极呢？”

老师说：“他们不只是对学雷锋活动这样的态度。只要是对个人没什么利益的，直接上级又没有要求做的事情，就都是这个态度。当然学雷锋活动就属于这样的事情。我就希望把学雷锋的氛围搞得好一点，让我们培养孩子的事业能有一个好环境，特别是党政机关的人能带个头。现在不但不带这个头，有的还有抵触情绪，我们在学校里讲的道理，学生们回家，在饭桌上，家长几句话就给否了。老师们都说，这叫做‘五减二等于零’，我们心里真不是个滋味。”

现在有些干部精力不在工作上，业余时间很少学习，都在应酬，都在“消遣”。所以不可能长期坚持为人民干事情，又何谈雷锋精神呢？美国有一位心理学家说过：“一个人的命运，决定于晚上8点到10点之间”。大学毕业后不读书，就很危险了。因为在这个知识爆炸的时代里，新的知识不断涌现，不及时学习，就要落伍，就要遭到淘汰了。有很多年轻干部说，应酬太多，没时间学习。这些干部应多读读雷锋日记，看看雷锋是怎样利用业余时间学习，如何挤时间钻研理论、学习科学知识的。

而有的人却说出这样的话：一个年轻人的命运决定于晚上 8 点到 10 点之间，这是什么意思呢？他说，全靠晚上去活动啊！白天干的再好，晚上不到有关的人家里去活动，一点用也没有。这样的话，年轻人的精力还能用在学习提高上吗？这种不良风气实在影响新一代的成长，如果领导干部重视这种“晚上活动”，是在害年轻人呀！

党的十七届六中全会指出，文化包括思想道德和科学文化两部分。而很多领导干部在落实全会精神中，只注重了文学艺术，并且“文化搭台，经济唱戏”已创造了很多经验。我们期望各级领导能全面抓好文化建设，特别是不要忽视了思想道德建设，不要以 GDP 论英雄，不要一心只为钱，只提文化搭台、经济唱戏。把道德建设当作配角，走过场，搞形式主义。

还有的领导不是在抓文化建设，而是在破坏文化。例如，在“现代化”城市建设口号之下，大批历史文物、名人故居一个个被拆。有的市长甚至想将所有名人故居迁到一条街上，供人观赏，引起哄堂大笑。群众说这是无文化修养的人在领导文化建设。

这其中肯定又是利益关系在起作用。因为每拆一次，开发商得一次好处，有的领导个人也随之有一份好处，这才是本质问题。所以，文化建设，必须从功利导向中走出来，才能防止浮浅。

在人民群众的热切期盼中，有一点非常重要，那就是充分发挥党员领导干部在学雷锋活动中的示范带头作用。中央领导多次指出，领导干部带头学雷锋，是确保学雷锋活动取得实效的重要保证，是新形势下加强党的先进性建设、密切党同人民群众血肉联系的有效途径。广大领导干部要积极投身于学雷锋活动，率先垂范、身体力行，凡是要求群众做到的，首先自己要做好，为全社会开展学雷锋活动树立榜样。

中央领导同志还对领导干部学雷锋提出了三条要求：要像雷锋那

样，自觉学习党的理论和路线方针政策，牢固树立共产主义远大理想和中国特色社会主义的坚定信念，树立立党为公、执政为民理念，践行全心全意为人民服务的宗旨，带头弘扬艰苦奋斗的优良传统，始终保持共产党员的先进性、纯洁性；要像雷锋那样，干一行爱一行，专一行精一行，勤奋学习，忘我工作，兢兢业业，勇攀高峰，立足本职岗位，争创一流业绩，要倾听群众呼声，关心群众疾苦，时刻把群众安危放在心上，热忱为群众排忧解难，切实维护人民群众的根本利益；要像雷锋那样，个人生活勤俭朴素，厉行节约，待人接物诚实守信、公道正派，家庭邻里团结和睦，孝老爱亲，关键时刻挺身而出，见义勇为，以学雷锋的模范行动带动和影响群众。

老干部说："从领导干部到普通百姓，人人都意识到雷锋精神的重要性，我们的期盼——学雷锋常态化也就实现了，我们国家的社会风气就会大大好转，年青一代人成长就有了良好的环境和氛围。这样，我们伟大的祖国就大有希望了。这当中，最重要的是领导干部这一条，既是难点，又是重点。不！应该说既是重点又是难点。难在哪里呢？就在于现在的内外环境发生了很大变化了，对人的影响太大了。"

我们必须清醒地看到，在世情、国情、党情发生了深刻变化的新形势下，在面临许多前所未有的新情况新问题新挑战时，提高党员领导水平和执政水平，提高拒腐防变和抵御风险的能力，加强党员执政能力建设和先进性建设至关重要。正如胡锦涛同志所说，执政的考验、改革开放的考验、市场经济的考验、外部环境的考验，是长期的、复杂的、严峻的，精神懈怠的危险、能力不足的危险、脱离群众的危险、消极腐败的危险，更加尖锐地摆在全党面前。

前面我们提到过，在学雷锋活动中，群众最大的疑虑是"民学官不学，下学上不学"。老百姓要求"领导向孔繁森看齐，群众向郭明义学习。像郭明义那样学雷锋，像学雷锋那样学郭明义"。这样学雷锋，才能自觉树立社会主义核心价值观，构建和谐社会。

也就是说，学雷锋是建设和谐社会的重要条件，但不是光有学雷锋精神就能建设和谐社会了。领导干部学雷锋可不是只学助人为乐做好事这么简单的。领导干部要履行职责，不能放弃的是良心和责任，该讲话时就要站出来讲话，该做主时就要为老百姓做主，因为老百姓在很多时候还是属于“弱势群体”。所以说，老百姓对领导干部的期盼就是希望干部能为民说话，听民说话，想民之所想。

中国古时候有个故事叫“河神娶妻”。一个地方的官吏勾结巫婆，欺骗百姓说，河神每年要娶一位妻子，才能保证不发大水。于是，他叫老百姓每家都出钱出物，每年还要挑一位漂亮的姑娘投到河里去，给河神当新娘。这一来可真是苦了百姓，骗取了许多钱财，害死了不少女孩子。新县令西门豹上任后，听说了此事，决定到现场亲自主持为河神送新娘子的活动。他看看新娘子，说：“给河神嫁新娘子一定要找最漂亮的姑娘，可这个新娘子却不是最漂亮的，我看先叫巫婆到河里去向河神禀报一下，就说等挑了最漂亮的姑娘再送去，看可以不可以？”说着就叫衙役把老巫婆扔进河里去了。过了一会儿，西门豹说：“老巫婆怎么还没回来呢？到底河神同意了没有啊！看来她太老了，走路办事太慢了，叫年轻的巫婆再去报告一下吧！”于是又把年轻的巫婆扔进河里去了。又过了一会儿，西门豹说：“怎么年轻的巫婆也这么慢呢？再叫公吏下河去催一催吧。”这一下，几个官吏吓坏了，立刻跪下说实话了，交代了全部骗局。这样，西门豹为老百姓“排忧解难”了，这个故事也广为流传开来。

无论哪个朝代，都有人坑害百姓钱财、伤害百姓性命的贪官或贼人存在，痛下决心，为民除害，解救百姓，老百姓时刻期盼这样的官吏出现。至今，还是有很多百姓在走投无路时，拦住上级领导的车，请他给解决问题。有人说，光靠这样叫总理给农民工解决工资问题，怎么行？是啊，百姓难道不知道这个道理吗？可不找总理问题就解决不了，所以才出此下策呀！希望领导干部都当那个西门豹，都不要当那些和巫婆沆瀣一气、坑害百姓的官吏。谁都希望没有贪官，谁都希望官商不勾结，谁都希望老百姓法制观念强、民主意识强，敢于争取自己的合法权益。

但是在法制还不健全时，那样要求弱势群体就很不客观了。所以像西门豹那样的官员必须存在，他们是老百姓的精神寄托。

假如雷锋还活着

老干部说："在一次学雷锋活动的集会上，有位老同志提出了一个问题：假如雷锋活着，他现在会是个什么样的人呢？我说，如果雷锋活着，雷锋已经是一位七十多岁的老同志了。"那位老同志问："我的意思是，如果雷锋活着，他会怎样工作、学习、对待别人？"

"我想，这位老同志用这种问题，表达了人们对社会状态的一种热切期望。历史是不能假设的，但可以用正确的思路去想一想，对人也可提供一些积极意义的。我们可以顺着这位老同志的思路，思考一下这个问题。"

假如雷锋活着，并且成长为一位军官，他一定会是一名爱兵模范，如团政委韩万金一般的热心关怀青年官兵的进步，从思想、政治、业务、身体、作风等方面帮助他们。同时他会培养出全军乃至全国数一数二的英雄模范人物。而他本人就是爱民模范人物和助人为乐标兵。新时期的官兵关系中对军官的要求，应是：视战士高于自己，爱战士胜过自己，为战士不顾自己，学战士提高自己。当他因年纪大了退出领导岗位后，一定回继续做对人民有益的事。例如他成为一名志愿者，一定会活跃在为民服务活动的第一线。在活动中，不断地向人们讲述毛主席看了他的照片后，是那么兴奋地对领导同志讲：学雷锋，确实很值得呀！

假如雷锋活着，并且成长为一位将军，他一定会在更大的范围内宣传雷锋精神，培养出一批批杰出人才；业余时间他可能像大连舰艇学院的刘德全将军那样，理发推子一拿，拉近了与士兵的距离，加深了官兵友情。退休了，还在联合战友，用多种方式宣传、传承雷锋精神，很多学校，都会聘请他作校外辅导员。

假如雷锋活着，并且转业回家乡工作，成为地方的领导干部。他会是一位一心为民的好干部。他会设身处地为老百姓着想，专心致志为群众谋利益。如县委书记张兴玉那样关心年轻人成长，给年轻人成才创造条件，提供机会，从品德上关注年轻人。在本职工作上，他一心为了事业的长远发展，科学规划；给前任领导放个梯子，叫他下个台阶，展现对当前工作的思路和释放工作的激情，使群众看到希望；对后任，留出发展的路子，不干“绝活”，创造条件使单位的事业可持续地发展。他不会只为地产商谋利，对群众的补偿工作没做好，决不会强行拆毁老百姓的房子。退休了，他会当一名有特点的志愿者。

假如雷锋活着，并且转业回了地方，改革开放后成了一位企业家，他会用雷锋精神建设企业文化，建构自己与被管理人员的关系，把员工看成自己的亲人，公平处事，人尽其才，使年轻人成为企业的主人；企业职工人人受教育、个个有好心情，本企业文化建设成为全国的典范；走出了一条企业学雷锋的新路。

如果雷锋没有提干，就复员回乡了，他会被村民们拥护，也许通过民主选举成了农村的一位村长，他会在农村带领乡亲们走共同治富之路，并且成为学习科学文化的带头人，善于市场预测，掌握市场信息，在市场化的农业发展中游刃有余。他会关心每一位有困难的村民，在建设小康社会的道路上不会拉下一人一户。

假如雷锋活着，并且成为一名教师，他会把辅导员这个工作干一辈子，用自己的言行点亮学生的心灵，引导学生主动学习，让学校充满学雷锋的氛围。学生们会用自己的实际行动续写雷锋日记，并且能轻松地和“雷锋叔叔说悄悄话”。走雷锋之路是每个学生的追求，他辅导的学生会有很多也成了“雷锋式的优秀辅导员”。

2012 年 8 月，在辽宁省抚顺市举办的全国少先队辅导员研修班上，有一位同志为辅导员写了一首诗歌，表达的也是一种热切的期望，这首诗题目叫《做一个雷锋式的辅导员》：

梦回五十二年前，
雷锋的步伐，雷锋的笑脸，
来到抚顺市本溪路和建设街的校园，

来到少先队员中间。
那一天，
红领巾又飘扬在雷锋胸前，
雷锋的话语，
滋润了多少个少先队员的心田。
培育出多少个雷锋式的青少年，
多少个孙桂琴、陈雅娟。
“我是雷锋的学生，
雷锋是我的辅导员。”
多少人美好的回忆，
多少人也成了雷锋式的辅导员。

人生立志在少年，
辅导员与祖国未来紧相连。
用心灵点亮少年的心灵，
用大爱点燃爱的火焰。
社会主义的江山，
靠青少年来接班。
中华民族有亿万个雷锋式的青年，
人人忠诚、上进、刻苦、勤勉，
就使坚如磐石的人民政权，
万万年。
为了它，
我们需要千千万万个雷锋式的辅导员。

用雷锋精神建设美好家园，
是党中央的号令，
是时代的呼唤，
是全国百姓的热切期盼。

有了雷锋精神，
从国务院到街道办，
上上下下的公务员，
都全心全意为人民谋利益，
远离“门难进”“脸难看”“事难办”。
有了雷锋精神，
商家拒绝“假冒伪劣”，
人民可以放心住、用和吃、穿。
有了雷锋精神，
企业可以少一些人为的灾难，
医院里就少一些伤病员，
监狱里就少一些罪犯。
有了千百万个雷锋，
人世间就多了温暖，
最美的人物会处处涌现，
人民生活更加美满，
一年四季都有好心情，
个个活得有尊严。

让我们的党旗、国旗、军旗，
像我们胸前的红领巾，
永远火红鲜艳。
为了这一切，
我们要有千千万万个雷锋式的辅导员。

这首诗的确表达了人们对人民教师的期望，更是对优化人际关系、对建设廉洁奉公的政府机关的渴望。

传承雷锋精神利人利己

老干部对另三位乘客说："你们三位都在岗位上工作着，正是发挥积极作用的好时机。如果你们想在本职岗位上做出优异成绩，就要学雷锋，传承雷锋精神。那么，我想送你们几句话供你们参考。"

年轻的准公务员说："您说，我们听着。"

老干部说："我不讲你们的工作本身，我是讲一定要热心于学雷锋活动，久而久之，你们定会尝到甜头，这是我大半辈子的体会：谁学雷锋谁受益，谁学雷锋谁进步，谁学雷锋谁幸福！"

谁学雷锋谁进步和受益，这个好理解；可这谁学雷锋谁幸福，怎么讲呢？

不学雷锋，一心为自己，天天琢磨着自己怎么有利，怎么捞取好处，怎么算计别人，心计太重，精神负担也重，天天为名誉、地位翻来覆去睡不着觉，身体和心情都受折磨，能有幸福感吗？如果遇事多为别人着想，助人为乐，天天做善事，心地善良的人，睡觉安稳，吃饭也香，幸福指数能不高吗？

"既然如此，那么组织开展学雷锋活动，就要解决五个问题。"老干部说。

"哪五个问题？"大家问。

"一是认识上的虚与实；二是措施上的软和硬；三是形式上的新与旧；四是投入上的多与少；第五条最重要，就是领导干部的行动的先与后！"老干部回答。

就是说，雷锋精神的传承，对领导干部来说，就是一言一行体现为人民群众着想。最近报上刊登文章，评述上海市杨浦区破解"天下第一难"——旧改动迁的思路。他们认为，旧改动迁的首要问题是处理好群众的利益诉求，因而政府就要勇于从改变自身职能上入手，为此，他们花大半年时间深入基层调研和征求意见，围绕群众关注的每一个焦点，研究设计方案。比如在安置方案上，就设计了四类16项方案，供群众菜单式选择。他们在实践中形成了一个共识：坚持群众利益优先，政策必须公开，透明彻底，不留后路，干部不准为亲友走后门，违者必究。这些使老百姓感到公正公平，从源头上解决了老百姓对政府的信任问题。同时，在整个过程中，鼓励群众监督、引入司法公正，等等。这些让我们感悟：必须树立在群众观之上的政绩观，坚持以人民群众为主体，就不会片面追求政府官员的政绩，就不会把市场价值、开发商的利益凌驾于群众利益之上，就不会在利益冲突时用权力来压服群众，就会形成经济发展、城市建设、民生改善与群众满意、社会和谐共赢。

虽然对于百姓的期望，还不能说已经实现了，但是我们的事业还是大有希望的。

中央政治局作出的关于改进工作作风、密切联系群众的八项规定，在全国人民面前做出了掷地有声的承诺，显示了中国共产党最高领导层从严治党的决心和力度，这是凝聚党心军心民心之举，已经得到全党全军全国各族人民的拥护和赞许，必将产生巨大影响，为我国的社会主义精神文明和物质文明建设带来新风尚、新变化、新气象。

风成于上，俗成于下。各级领导干部都带头改进工作作风，深入基层调查研究，密切联系群众，解决实际问题，去实现、维护、发展广大人民根本利益，那么，全党的精神面貌就会发生重大变化，全社会的精神面貌就会发生更大的变化。我们对此，充满信心。

“还有每个干部都要牢记三个‘常’。常修为政之德，常思贪欲之害，常怀律己之心。”最后，老干部总结道。

年轻人想着：想要改变社会冷漠的现状，依靠某一个人，尤其是一个已经离开我们50年的年轻人的影响力，这可能吗？领导干部为人民服务的形象，靠一个孔繁森、一个焦裕禄、一个沈浩，就能树立起来吗?

毁掉希望很容易，建立起希望和期盼却十分困难。不辜负老一辈人的寄托，不使下一代人失望，是每一个当代人必须思考和为之努力的事情。

第七章

见贤思齐

雷锋

雷锋最大的优点就是见贤思齐。领导干部也应该这样，见到了雷锋这个贤者，就要向雷锋看齐。雷锋虽然是个普通士兵，但是在他身上体现的精神，有普世价值，也就是说对整个社会都有重要意义，对什么人都适用，尤其是对领导干部非常适用。

老干部说："刚才我们都谈了自己的希望，这里既有对改善社会环境的希望，也有对各级领导干部和领导机关的希望，都希望全社会共同努力，创造一种学雷锋的氛围，现在的学雷锋志愿者行动就代表了这种希望。"

年轻教师接着说："是啊，学雷锋志愿者这支队伍现在越来越大了，涉及的领域也越来越广了，早已不是开奥运会时那个单纯的概念了。"

中年干部说："说起志愿者，应该明确一个问题，就是要建设我们中国特色的志愿者队伍，而不是照搬西方的概念。这里没有任何宗教色彩。"

老干部说："这个有道理。现在我要强调的是，在我们说了一系列的期望之后，我想应特别突出讲一讲怎样用雷锋精神武装领导干部队伍，做雷锋式的好干部。"

雷锋最大的优点就是见贤思齐。领导干部也应该这样，见到了雷锋这个贤者，就要向雷锋看齐。有人会说，雷锋并不是领导干部啊，向他学什么啊。雷锋虽然是个普通士兵，但是在他身上体现的精神，有普世价值，也就是说对整个社会都有重要意义，对什么人都适用，尤其是对领导干部。

雷锋式好干部之职责

"首先让我们明确，领导干部是干什么的？领导干部的职责是什么？当然，各级领导干部都有自己具体的工作职责，但此处所讲的是所有的领导干部的共同职责。这就是出主意、用干部、作表率。这可是无论哪个行业的领导干部都必须要做好的。”老干部说。

出主意。我们可以看到领导干部几乎每天都在开会或是谈话，那是在干什么呢？简单来说就是在给下级干部出主意。就是告诉大家，或是告诉某人干什么，怎么干，注意什么问题。领导干部一定要有工作的思路，思路决定出路嘛！有了思路，大家会明确方向，会齐心协力，形成合力，就会有效益。决策前要深思熟虑，决策后要坚定不移。这个很重要，有的领导干部说：没有主意的干部不是好干部，主意太多的干部也不是好干部，就是这个道理。就怕事情决定了，又变来变去，跟着你干的人会无所适从。

用干部。说起领导干部选人用人的重要性，不妨再拿楚霸王项羽与刘邦做个比较。在霸王祠里会看到很多的名人题词。除了唐朝李牧的那首诗以外，还有李清照的“至今思项羽，不肯过江东”等等。还有一首现代人题的：“楚霸王英雄凭一勇，汉高祖仁义用三杰”。按说，当时楚汉相争，项羽在兵力上、个人的本领上都高过刘邦，但项羽不善用人，而刘邦善用人，特别是用了张良、韩信、萧何等人，并且能“知人善任”，所以最终战胜了项羽。我们读过《史记》，都知道，刘邦在总结经验时说：“夫运筹帷幄之中，决胜千里之外，吾不如子房；镇国家，抚百姓，给粮饷，不绝于道，吾不如萧何；连兵百万，战必胜，攻必取，吾不如韩信。此三人者，皆人杰也，吾能用之，此吾所以取天下者也。”于是，我们知道刘邦胜在用人上，因为有了这些人才的贡献，才有西汉的昌盛。同样，只有会用人的干部，才是好干部，才能说的上为社会尽职尽责。

做表率。以身作则，率先垂范，清正廉洁，严于律己。要求部属做到的，自己要首先做到；要求部属不做的，自己一定不做。这就是孔子说的：“其身正，不令而行；其身不正，虽令不从。”领导干部的形象，一半靠说，一半靠做。也有人说，身教甚于言传。言传是给人以思想上的启迪，而身教是给人行动上的榜样，所以人民群众对领导干部总是要“听其言而观其行”的。如果把做表率仅仅看成是一种工作方法，而不作为领导干部的重要职责，就会轻视行动上的榜样作用，就会放松对自己的要求，就会出现那种“台上他说，台下说他”的口是心非、言行不一的现象。

雷锋式好干部之四口气

“说完了领导干部干什么，再说说领导干部靠什么来干工作、履行职责。对这个问题，可能是仁者见仁，智者见智了。根据我的认识，我看要靠‘四个气’，就是底气、正气、勇气、大气。这四口气，缺一不可。”老干部说。

“首先要打足底气。”

什么叫底气？你看自行车，用不了几天就要打气，不打气就没法再骑了。还有，各种车辆也都要充电、加油。海明威于1932年在他的纪实文学作品《午后之死》中，提出过一个“八分之一”理论。他说：“冰山运动之雄伟壮观，是因为它只有八分之一在水面上。”那么水下的八分之七起什么作用呢？支撑。水下部分排开水的重量，就是整个冰山的浮力，没有这个浮力，就不可能有八分之一浮在水面上。因为水面上的那部分是不产生浮力的。”只有强有力的基础支撑，无论做人做事才能更顺利、更自信。当这个基础不足时还要及时补充。所以人也要及时地“充电”和“打气”。人怎样充电呢？这就要学习，就要向实践学习、向群众学习，就要更新观念。

要打足底气，第一个办法就是要学习。在这方面，我们最好的榜样就是雷锋了。与雷锋同开一辆车的乔安山同志总是谈起，雷锋是最爱学习的。雷锋始终感到自己底子薄，不下大的功夫学习不行。他在日记中写着这样的话：“毛主席的著作对我来说好比粮食和武器，好比汽车上的方向盘。人不吃饭不行，打仗没有武器不行，开车没有方向盘不行，干革命不学毛主席著作不行。”雷锋对学习方法也有所研究，他总结了一个学习程序：问题——学习——实践——总结。关于处理学习和工作关系问题，雷锋有一个比喻："我们在学习上，也要提倡这种'钉子'精神，善于'挤'和善于'钻'。"雷锋总结出'五个一点'的学习经验，至今很值得我们参考。

毛主席就十分注重抓领导干部的学习。早在延安时期他就多次讲过要读书学习。1939 年 1 月 28 日，毛主席在八路军延安总兵站检查工作时，曾经形象地讲道："有了学问，好比站在山上，可以看到很远很多的东西。没有学问，如在暗沟里走路，摸索不着，那会苦煞人。"1939 年 5 月 20 日，在延安干部教育动员大会上，毛主席深情地对大家说："古人讲过：'人不通古今，马牛而襟裾'，就是说：人不知古今，等于牛马穿了衣服一样。什么叫'古'？'古'就是历史，过去的都叫'古'，自盘古开天地，一直到如今，这个中间过程就叫'古'。'今'就是现在。我们单通现在是不够的，还须通过去。延安的人要通古今，全国的人要通古今，全世界的人也要通古今，尤其是我们是共产党员，要知道更多的古今。通古今就要学习，不但我们要学习，后人也要学习，所以学习运动有它的普遍性和永久性。……我们队伍里边有一种恐慌，不是经济恐慌，也不是政治恐慌，而是本领恐慌。过去学的本领只有一点点，今天用一点，明天用一点，渐渐告罄了。好像一个铺子，本来东西不多，一卖就完，空空如也，再开下去就不成了，再开就一定要进货。我们干部的'进货'，就是学习本领，这是我们许多干部所迫切需要的。……我们要建设大党，我们的干部非学习不可。学习是我们注重的工作，特别是干部同志，学习的需要更加迫切，如果不学习，就不能当领导工作，不能改善工作和建设大党。"1956 年 9 月 15 日，在党的八大开幕式上，毛主席说："要把一个落后的农业的中国改变成为一个先进的工业化的中国，我们面前的工作是很艰苦的，我们的经验是很不够的。因此，必须善于学习。"1959 年 6 月 29 日，在庐山，毛泽东又专门讲了一次读书学习问题："有鉴于去年许多领导同志，县、社干部，对社会主义经济问题还不大了解，不懂得经济发展规律，有鉴于现在工作中还有事务主义，所以应当好好读书。……我们提倡读书，使这些同志不要像热锅上的蚂蚁，整年整月陷入事务主义，搞得很忙乱，要使他们有时间想想问题。现在这些人都是热锅上的蚂蚁，要把他们拿出来冷一下。”在庐山他和方志敏的弟弟方志纯同志谈起学习问题：“读书是很有趣味的嘞。一个人只有多读书，知识面才能宽。……你们担负的工作很多，确实很忙，坐下来读书有些困难。这就要看你会不会挤时间啰！……总之吧，要想办法读书。治国安邦，不读点书，怎么行啊？”

不读书，讲话都讲不了，只能读别人写好的稿子，而且还读的磕磕巴巴的。谭震林同志就专门讲过这个问题。很多人都听过谭震林讲话，很少请人“捉刀”，听了让人耳目一新。1940 年，谭震林担任江南义勇军司令，化名林俊。有一次谭震林讲话，有的领导指定一名上海来的大学生作记录。可他却一字未记，问他为什么，他说今天的报告太好了，我还从没听过这么好的报告，把我吸引住了，把记录的事给忘了。1957 年，谭震林在湖南攸县进行民主办社试点，随行的新华社记者胡坚建议叫秘书写一些材料，谭震林说：“那不行，如果领导干部在会上念秘书起草的稿子，那不成了傀儡?！再说，人家写的稿子，毕竟不全是自己的见解嘛！我看还是自己写报告好，这样无非是辛苦点。”一次谭震林在基层考察，遇到一场报告，台上一位干部正襟危坐，捧着稿子念得磕磕巴巴，台下有人打哈欠，有的打瞌睡。谭震林火了，当场打断，问道：“你的稿子是谁写的？”报告者吞吞吐吐说，是别人替他写的。谭震林问：“那今天是你发言啊，还是别人发言？”他巡视了一圈会场，大声说：“官，越当越懒！讲十几分钟的话，都要别人替写。这不脱离实际才怪！今后你们要是再让别人写稿子，就是不称职！”谭震林同志说得多好啊！而谭震林之所以有底气不用别人拟稿，是知道自己要说什么，怎么说，这因为其有过硬的语言组织能力，丰富的知识储备。现在领导干部的文化水平虽然都很高了，可叫别人写稿子太普遍了，这又是为什么呢？

领导干部对待学习问题，一定要清醒，一定要排除思想上的障碍。一是人不能生而知之，就是说谁也没有可能天生就有能力干领导工作，都要学习。二是能力和水平不会随职级升高而自然升高。前苏联共产党总书记赫鲁晓夫有一次去参观莫斯科的自由画派作品展览，他指着一幅画说，这简直就是一头驴滚出来的！展览馆负责人恩斯特说他不懂画。赫鲁晓夫生气了，他说："我在当工人的时候可能不懂，在当煤矿干部的时候可能不懂，在当军政委的时候可能不懂，在当市委书记的时候可能不懂，但是我现在是总书记了，我就应该懂了。"对此，恩斯特只能是一笑了之了。三是知识和能力不能一劳永逸，就是说你上了很多年的学，就可以说学习的任务已完成了，就剩下工作了，这是不可能的。因为知识是不断更新的，环境也是不断变化的，新问题和新情况是层出不穷的。只有明白这三点，才有学习的动力，剩下的就是为学习腾出时间。

人的差异主要是由业余时间决定的。毛主席号召我们，要把业余时间主要用于看书学习。毛主席自己就是这么做的。无论是在中南海毛主席故居，还是在武汉东湖毛主席住过的梅岭。毛主席的床上永远有一半地方是用来摆放经常看的书的。毛泽东、周恩来等领导都是活到老学到老的典范。毛泽东多次讲过，读书要至死方休。1938 年 8 月 22 日，毛主席在延安中央党校讲话时说过："你学到 100 岁，人家替你做寿，你还是不可能说：'我已经学完了'，因为你再活一天，就能再学一天。你死了，你还是没有学完，而由你的儿子、孙子、孙子的儿子、孙子的孙子再学下去。照这样说，人类已经学了多少年呢？据说是 50 万年。以后还要学多少年呢？那可长哉长哉，不知有多少儿孙，一代一代学下去。"1939 年，毛泽东同志 46 岁的时候，他说："年老的也要学习，我如果再活 10 年死了，那么就要学 9 年零 359 天[①]。"

在延安时期，毛主席多次和青年人谈学习问题。他曾给艾生同志题词："努力学习，切实学习，不学好不放手，这是青年的首要任务。"

1959 年 1 月，一位外宾问毛主席学习英文的情况，他说："在一字一字地学。若问我问题，我勉强答得上几个字。我要订五年计划，再学五年英文，那时可以看点政治、经济、哲学方面的文章。现在学了一半，看书不容易，好像走路一样，到处碰石头，很麻烦。"他还诙谐地

---

① 1939 年，还是按农历算，一年 360 天。

说："我活一天就要学习一天，尽可能多学一点，不然，见马克思的时候怎么办？"

大家知道，毛主席是 1976 年 9 月 9 日 0 时 10 分去世的，而在 9 月 7 日和 8 日两天，在抢救过程中他还要书看。9 月 8 日，毛主席一觉醒来后，向身边工作人员说着什么，工作人员没听出来是什么意思。警卫员周福明马上拿来纸和笔，毛主席艰难地握住笔，在纸上画了三个道，就再也写不动了。过了一会，他吃力地在床头点了三下。周福明凭着 17 年对毛主席的了解，立刻感觉出，可能与"三木"有关。就轻声地问："主席，您是不是要看有关三木的消息？"毛主席默默地点了头。"三木"就是三木武夫，当时的日本民主党总裁、内阁总理大臣。当时日本正在进行大选。主席在关注日本的局势变化。工作人员急忙找到有关三木武夫的报道，一读题目，毛主席的脸上就露出了轻松的表情。读完这一篇，又给他读了一篇关于当时美国总统大选的报道。主席静静地听着，过一会，他安详地睡着了。几个小时后，毛主席的心脏停止了跳动。

我们的领导干部，现在业余时间都在干什么呢？确有一部分在玩儿，在跑官，而不是在读书、看报、看文件，水平怎能提高呢？这主要是对学习的态度不端正。有很多人是买了书、发了书，书倒是有不少了，摆在书架上很好看，但就是不读。如果有人口口声声说太忙了，没时间学习。那我们就再听一下，看雷锋是怎么回答这个问题的：

"有些人说工作忙，没有时间学习。我认为不在工作忙，而在于你愿不愿意学习，会不会挤时间。

要学习的时间是有的，问题是我们善不善于挤，愿不愿意钻。

一块好好的木板，上面一个眼也没有，但钉子为什么能钉进去呢？这就是靠压力硬挤进去的、硬钻进去的。

由此看来，钉子有两个长处：一个是挤劲，一个是钻劲。我们在学习上，也要提倡这种'钉子'精神，善于挤和善于钻。"

雷锋的这种"钉子"精神，看来是永远不会过时的。

毛主席说，书是用来读的，不是用来装潢门面的。有些人喜欢把书锁在书橱里，实际上是不看的。我们要做工作，想抽出专门时间读书那是不多的，我到处放书，随手拿来，读上一段，多方便啊！1957 年 10 月 9 日，在党的八届三中全会上，毛主席说："我们要振作精神，下苦功夫学习。下苦功，三个字，一个叫下，一个叫苦，一个叫功，一定要振作精神，下苦功。我们现在许多同志不下苦功，有些同志把工作以外的剩余精力主要放在打纸牌、打麻将、跳舞这些方面，我看不好。应当把工作以外的剩余精力主要放在学习上，养成学习的习惯。"

人的一生中到学校学习的时间是很短的，更多的是自学。自学就要靠自己的自我要求了。如果把学习只当做是一种别人加给你的任务、一种谋生手段，那就是学习的低境界；如果把学习当作生活的一部分，就是学习的中境界；如果把学习当作生命的一部分，那就是学习的高境界了。所以学习不是有没有时间的问题，而是你愿不愿的问题。

领导干部的学习和一般意义上的学习是不同的。学习的目的是为增强领导工作的能力。一是获得真理的力量；二是扩大知识面，与被领导者有更多的共同语言；三是提高自己的思想境界和综合素质。1958 年初，毛泽东要求全党工作重点转到技术革命和经济建设上来，他说："提出技术革命，就是要大家学技术，学科学。"他还说："过去我们有本领，会打仗，会搞土改，现在仅有这些就不够了，要学新本领，要真正懂得业务，懂得科学和技术，不然就不可能领导好。"学习的目的就是为当好领导干部。

所谓真理，简而言之，就是真实的道理，按定义说就是客观事物及其规律在人的意识中的正确反映。所谓真理的力量，就是领导干部所宣传的、所提倡的东西，要体现人民的利益，符合客观实际，要代表社会正义，符合时代潮流。领导干部要具有真理的力量，就必须学习，通过学习，掌握真理，而且要捍卫真理，实践真理，为真理而斗争，甚至于为真理而献身。这样，就会在群众中树立起你的形象，就能通过你的宣传，凝聚力量。

毛主席读书时，他的思想并没有完全跟着书走，而是既肯定正确的东西，又有大胆怀疑，提出许多不同的观点和独到的见解。毛主席十分强调理论联系实际，提倡在实践中锻炼，使自己发展起来。他说："不要把自己关在房子里，把眼睛封起来，把耳朵封起来，那是很危险的。马克思主义是在同它的敌对力量作斗争中创造出来的，发展起来的，现在还要发展。比如我们中国办事情，如果我们不发展马克思主义，那么事情就办不好。马克思主义的原理原则到中国来实行的时候，就要带有中国的色彩，就要按照具体情况解决问题。如果采取压服的方法，不让百花齐放、百家争鸣，那就会使我们的民族不活泼，简单化，不讲道理，使我们的党不去研究说理，不去学会说理。马克思主义要跟非马克思主义作斗争才能发展起来，百花齐放、百家争鸣之所以需要，就是这个道理。"

毛主席也多次谈到，关于学习什么内容。1956 年在《论十大关系》中，毛主席说："我们的方针是，一切民族、一切国家的长处都要学，政治、经济、科学、技术、文学、艺术的一切真正好的东西都要学。"1957 年 4 月，毛主席在杭州说："第一书记不仅要抓思想，而且要看各种文章，要看哲学、历史、经济、文学、逻辑、艺术方面的文章，自己这方面的知识要逐步增长起来，兴趣要养成。"1957 年 10 月 9 日，在党的八届三中全会上，毛泽东同志讲到"要振作精神，下苦功学习"时说："学什么东西呢？一个是马克思列宁主义，一个是技术科学，一个是自然科学。还有文学，主要是文艺理论，领导干部必须懂得一点。还有什么新闻学、教育学，这些学问也要懂得一点。"1958 年 1 月 6 日，毛主席说："没有理论，凭什么做领导工作？领导干部要自己动手，集体创作，开动脑筋，不搞出点理论问题不行。""要讲革命朝气，保持旺盛斗志。多读书，多研究理论，以增加共同语言。"

"只有科学是真学问"，毛主席极力主张青年同志要多学习自然科学知识，为自己长期工作打下基础。1941 年 1 月 31 日，毛主席给在苏联上学的两个儿子毛岸英、毛岸青写信，嘱咐他们："惟有一事向你们建议，趁着年纪尚轻，多向自然科学学习，少谈些政治。政治是要谈的，但目前以潜心多习自然科学为宜，社会科学辅之。将来可倒置过来，以社会科学为主，自然科学为辅。总之注意科学，只有科学是真学问，将来用处无穷。”毛主席主张谈政治要以自然科学为基础，先以学习自然科学为主，然后再学社会科学。1940 年 2 月 5 日，毛主席倡导在延安成立了自然科学研究会，在成立大会上，毛主席发表讲话：“自然科学是人们争取自由的一种武装。人们为着要在社会上得到自由，就要用社会科学来了解社会，改造社会，进行社会革命。人们为着要在自然科学界里得到自由，就要用自然科学来了解自然，克服自然和改造自然，从自然里得到自由。”他还说：“马克思主义包含有自然科学，大家要来研究自然科学，否则世界上就有许多不懂的东西，那就不算一个最好的革命者。”1956 年，党中央专门召开了知识分子问题会议，毛主席号召全党努力学习科学知识，为迅速赶上世界科学先进水平而奋斗。在党的八大二次预备会议上，毛主席进一步提出：“我们对新的科学技术还不懂，还要做很大的努力。现在的中央委员会，我看还是一个政治中央委员会，还不是一个科学中央委员会。”1958 年初，毛泽东要求全党的工作重点要转移到技术革命和经济建设上来。1963 年，聂荣臻等同志向毛主席汇报新的十年科学技术规划的时候，毛主席满怀深情地说：“科学技术这一仗，一定要打，而且必须打好。过去我们打的是上层建筑的仗，是建立人民政权、人民军队。建立这些上层建筑干什么呢？就是要搞生产。搞上层建筑、搞生产关系的目的就是解放生产力。现在生产关系是改变了，就要提高生产力。不搞科学技术，生产力无法提高。”

像雷锋那样学习，还有一个十分重要的问题，就是学习与思考的关系问题。人和其他动物最大的差别在于人是会思考的。人有两种属性，一是自然属性，二是社会属性。人具备两种力量，一是物质力量，二是思想的力量。罗丹最有名的雕塑是思想者，他告诉我们，物质力量是有限的，而思想的力量是无穷的。人生的旅途上，没有思想就没有出路。看雷锋日记，就会发现一个问题，就是雷锋看了书，听了报告，晚上肯定要深入思考一番，他不是就事论事，而是要把事和理联系起来想一想，把境界升华到新的高度，所以他给我们留下了那么多有哲理的语句，令人深思和令人难忘。而在每一次升华过程中，雷锋都得到又一次提高。

毛主席曾引用孟子的话："尽信书，则不如无书"要求我们，不要迷信书本，读书不盲从，要独立思考。毛泽东认为，读书时既要有大胆怀疑和寻根问底的勇气和意志，又要保护一切正确的东西，同做其他的事情一样，既要勇敢，也要谨慎。不仅对中国古书是这样，对待马克思列宁主义的著作也是这样。

知识无价，思想无价。有一位科学家说：人体中含有的脂肪只能制造出 7 块肥皂，人体中含有的磷只能制造出 200 个火柴头，人体中含有的硫黄只能消灭掉自己身上的跳蚤。而思想的力量却大得很。思想有多远，你就可能走多远。一棵树永远只会长到它的根底所能允许的那么高；一个人永远只能达到他的底气所能支持的那么高。思考是学习，而且是更重要的学习。勤学、善思，是许多成功人士的共有品格。思考力，是一切智慧的开端。如果不注重思考，只满足于"两眼一睁，忙到熄灯"，再辛苦，也无济于事。

现在，年轻的领导干部大都是受过高等教育，甚至是硕士生、博士生毕业，拥有硕士、博士学位，学问都很高了，为什么还要继续学习呢？因为高等教育只是获得了专业知识，更主要是获得了学习方法。在大学里学到的知识是有限的，可以说只是整个知识领域之中的一个小部分，大学就是通过对这一个学科的研究，教给学生获得知识的方法和能力。在这个知识爆炸的时代，仅某一段时间学习的知识肯定不够用。何况知识更新的速度越来越快，如不加紧学习，就会落后。而领导干部负责的领域，涉及的知识可能是多方面的，只有一门知识显然是不能满足工作需要的。要和被领导者有共同语言，就必须扩大知识面。负责技术工作的领导者，也必须有多方面的文史社会知识才能提高综合思维能力，提高领导水平。

有了硕士学位、博士学位是不是就一定具备了领导干部所需要的综合能力了呢？答案当然是否定的。现在的研究生教育被人们称为"大跃进"的教育，我国研究生数量是世界第一了，而素质是否也是世界第一呢？这的确令人怀疑。过去一说是个博士，人们会肃然起敬。1972 年美国总统国家安全事务助理亨利·基辛格秘密来北京访问，要发表公告，怎么称呼他呢？基辛格什么头衔也不要，就要那个博士头衔。很多人说，看来博士很了不起。现在硕士、博士多了，其中不乏真才实学的，有的领导干部有硕士、博士学位，确实也很有水平。但是不可否认，有的就水分很大，能力更不能提。有人讽刺说："博士不博，硕士不硕，学士不学，研究生值得研究。"过去领导干部是怕说自己学历低，而现在浪得虚名的干部是不好意思说自己学历高，怕人家问在哪儿读的。有的领导干部说自己是博士学位，人们就有疑问了：他什么时学习的，怎么变成博士了呢？"真是眼睛眨一眨，小鸡变成鸭了。"有的连自己的论文题目都不知道。有一个笑话讲的是一位领导干部到一个县中学去视察工作，问一个学生："你说，地球仪为什么是倾斜的？"这个学生不明白就胆怯地说："反正不是我搞坏的。"领导干部又问另一个学生，县长说："肯定不是他干的，他是刚刚进来的。"县教育局长急忙给打圆场："我们集体采购时，把关不严，买进来了次品，以后一定要吸取教训。"你说可笑不可笑。

领导干部通过自学也完全可以成才。1958 年 9 月，在到江南视察途中，毛主席和罗瑞卿、张治中谈起学习，毛主席说："吕蒙是行伍出身，没有文化，很感不便。后来孙权劝他读书，他接受了劝告，勤学苦读，以后成了东吴的统帅。现在的高级军官中，百分之八九十都是行伍出身，参加革命后才学文化的，他们不可不读《三国志》的《吕蒙传》。"

无论学历高低，在走上工作岗位后，都要抓紧自学。因为知识无限，学后知不足。知识更新的速度飞快，信息传递比飞还快。一天不学，就有落后的感觉。同时要更新学习的观念，新的学习观认为，现代人不再只凭原有的知识、经验、资历和眼光来管理和决策；要把自己置身于信息社会的大潮中，借助现代技术和信息工具，学会新思维、新方法。传统的文盲是不会读、写、算，现在的科盲是不懂科技手段。现代人读书的效能是指提高获取信息的能力、对信息的处理能力、依据信息的决策能力、提高社会活动能力及心智能力。

要读有字之书，更要读无字之书。要从实践中用心学习。毛主席说他一生只读了两本书，一本是“有字之书”，一本是“无字之书”。毛主席一生的读书生活，就是“有字之书”和“无字之书”的有机结合。1914 年，毛泽东在湖南第一师范学校读书时整理的课堂笔记《讲堂录》中，有这样一段话：“闭门求学，其学无用。欲从天下国家万事万物而学之，则汗漫九垓，遍游四宇尚已。”1938 年 3 月 15 日，毛主席在延安抗大第三期三大队毕业典礼上讲：“社会是学校，一切在工作中学习。学习的书有两种：有字的讲义是书，社会上的一切也是书——‘无字之书’。”毛泽东从青年时期就很重视读“无字之书”。他经常走向社会，走进工农群众，把社会实践和自然界作为学无止境的大课堂。他说：“读书是学习，使用也是学习，而且是更重要的学习。从战争学习战争——这是我们的主要方法。”毛泽东认为，社会和自然界这个大学校，里面的东西是取之不尽用之不竭的。他说：“孙中山先生也是一样。当他在学校里的时候，并没有三民主义。大家知道他是学医学的，他的三民主义是出了学校之后才有的。而且孙中山先生的三民主义，也不是一下子就有的，开始只是一民主义，后来有了二民主义，最后他到欧洲去跑了一次，看见欧洲发生了社会问题，工人要打倒资本家等等情形，他又想了一个民生主义出来，这样才集合成为三民主义的。至于国外，有马克思，他在学校里并没有学马克思主义，学的是唯心论。后来他在学校外面学到的马克思主义。”

“让哲学从哲学家的课堂上和书本里解放出来，变为群众手里的尖锐武器。”

毛泽东年轻时没有走出国门，壮游世界。当许多人都在国外住洋房、吃面包时，他却走向了中国的穷乡僻壤，走向了中国社会的最底层，住茅屋，吃南瓜，访贫问苦，思考中国的事情。他通过了解中国社会问题和劳动人民的生活状况，建立了与劳苦大众的深厚感情。他是从“无字之书”中获得了丰富的社会和历史知识。新民学会的会友罗学瓒来信劝毛泽东出洋求学，言词恳切。毛泽东送走了几批朋友，可他自己还是留在了国内。他认为出国当然需要，但也要有众多的青年留在国内，研究中国问题。“吾人如果要在现今的世界稍微尽一点力，当然脱不开‘中国’这个地盘。关于这个地盘内的情形，似不可以不加以实地的调查及研究。这层功夫，如果留在出洋回来的时候做，因人事及生活的关系，恐怕有些困难。不如现在做了……我觉得关于自己的国家，我所知道的还太少，假如我把时间花费在国内，则对本国更为有利。”彭德怀说过：“在党内真正懂得中国历史的还只有毛主席一人。”张闻天也说：“毛主席从中国历史中学了很多东西。”

老干部说：“我年轻时，听毛主席的指示，青年军官一定要到农村、到工厂、到连队去，深入群众，真正了解中国的工人，了解中国的农民，与战士交上朋友，否则，就不能承认你是一个合格的军人。当时我坚决地按毛主席的要求做了，但理解并不那么深刻。现在想起来，我们对人民群众的感情，对战士的感情，就是在一线实践中结下的，而这种感情决定了遇事能够设身处地为群众着想，能够比较扎实地处理问题。前几年，我到了当年下乡去的农村，到了我住的那一家里，那一家的老人已去世，当年的孩子们也都近六十岁了，他们一眼就能认出我来，就能叫出我的名字来，当年的一个青年告诉我，他家里还保留着我40年前的照片，他的父亲曾说过：‘你们要保存好这张照片，这个解放军以后一定会再来的。’我忍不住热泪盈眶。这就是到人民群众中吸取的力量所在，我们的一切成就，能离开这一切吗？”

“第二口气叫什么呢？叫一身正气。”老干部接着说。

所谓正气，对领导干部来说，包括这么几个方面：一是廉洁奉公，二是处事公道，三是心地坦白、直抒己见。

廉能生威。清朝的方大湜说：“晋司马炎居官三字诀，曰清，曰慎，曰勤。真西山先生云，士大夫万分廉洁，止是小善，一点贪污，便为大恶。三字之中，自以清为第一要义。官若不清，虽有他美，不得谓之好官。然廉而不慎，则动静云为，必多疏略；廉而不勤，则政事纷繁，必多废弛，仍不得谓之好官。”所谓清就是不贪，为官要清廉，这是为官的分内之事，是最起码的为官之道德。宋朝的包拯说过：“廉者，民之表也；贪者，民之贼也。”说起古代的清官，我们可以列出很多，诸葛亮、魏征、范仲淹、包拯、苏东坡、于谦、海瑞、于成龙等等，不乏其人。其中的诸葛亮，他在任蜀国的丞相时，就向后主刘禅自报家庭财产：“臣在外任，无别调度，随身衣食，悉养于官，不别治生，以长尺寸。若臣死之日，不使内有余帛，外有赢财，以负陛下。”他可谓古代清官的楷模，受到老百姓的崇敬。

崇敬清官，痛恨贪官，是我们中华民族的优良传统。历史上的清官与我们今日之领导干部，不可简单类比，但绝不能低估了古代清官的政治价值，他们不仅在历史上起了重大的积极作用，也给后人留下了宝贵遗产，给后人以启迪和鞭策。最近几年，上井冈山去参观的人多起来了。在井冈山革命纪念馆里，有这样四句话：苏区干部好作风，自带干粮去办公；昼穿草鞋干革命，夜打灯笼访贫农。这就是当年红军领导干部的样子。在纪念馆的一个展柜前，总是驻足着很多的参观者，这个展柜中展览的是毛主席交的粮票。1965 年毛主席重上井冈山，在井冈山上住了七天。他每天的伙食费是两块五毛钱，七天共交了十七块五毛钱，另外还有粮票。井冈山根据地是毛主席领导创建的。他重上井冈山，吃饭还要交钱、交粮票，而且毛主席说一分钱、一两粮票也不能少！清廉从何来，就从这小小的伙食费看出。我们现在一些领导干部搞那么多的特殊化，甚至于贪污受贿，叫他们来看看这张粮票，不知他们还有没有脸见人！

1959 年，朱德总司令当上了第二届全国人民代表大会常务委员会委员长。履行职务后，他对立法执法工作非常重视，对部属要求十分严格，对自己和亲属要求就更严格了。在供给制年代，居住在中南海的中央首长都在西大厅就餐，实行薪金制后，就都在自己家里开伙就餐了。朱德同志担心他的厨师不注意时，会随便动用公家的东西，就把管理员张宝昌和他的厨师邓林叫去，谈了他家的小灶不能占公家大灶的便宜。

康克清同志当着朱德同志的面宣布了两条规定：(1) 不准以首长的名义无偿动用公家的东西；(2) 因紧急需要，非动用不可时，一定要告诉总特灶负责人，填表登记，按货论价，月底结账。朱德同志接着说："国家每月给我们发工资，就是为了解决生活问题，想吃什么，自己花钱，是合情合理的。在经济问题上，我们要做到公家的就是公家的，私人的就是私人的，公私分明，干净做人。"现在生活条件好多了，但当年红军的好作风，我们领袖的好榜样，还是值得我们世代相传的。

孟子提倡人生要培养"浩然之气"，近乎我们今天讲的"浩然正气"。他强调要努力做到"三不"：富贵不能淫，贫贱不能移，威武不能屈。这就是说，人在一生中遇到这三种情况时，一定要正确对待：富和贵时不能心意放荡，贫和贱时不能改变节操，遇到武力和威慑时不能屈服。我们的老一辈革命家在这方面为我们做出了很好的榜样。"一身正气，两袖清风"，这两句话对很多老同志都是适用的。陈毅元帅是一位文武双全、功勋卓著的革命家，我们都非常敬佩他。他有一首五言绝句："大雪压青松，青松挺且直。要知松高洁，待到雪化时。"这就是他本人高风亮节的真实而生动写照。"文革"期间，有人整他，有人诬陷他，想打倒他，他无所畏惧，毫不留情、毫不示弱。他有一句名言："善有善报，恶有恶报。不是不报，时候未到。时候一到，一切都报！善者欢笑，恶者哀号。"他讲的是一条规律，是对好人的极大鼓舞，也是对恶人严厉的警告。他在记者招待会上的那段将话，更是体现了中国人民的豪情壮志，大义凛然。

当前领导干部面临的环境十分复杂，对领导干部的考验是多方面的。这与任何政党、政治力量执政后一样，都有腐败的危险，都有失掉政权的危险性。我们纵观历史，尽管每一个政权或朝代的更迭都有各自的表现形式，都有各自的原因，外部原因各式各样，如外敌入侵、自然灾害等，但就其内部原因看，都与执政集团的腐败有关。

我们中国共产党之所以反复强调反腐败，就是真切地看到了腐败的严重危害，看到了目前是腐败现象多发易发期，看到了腐败分子是社会主义政权的大敌。我们的经济建设获得再大的成就也会因腐败而丢掉政权！我们全民族的努力奋斗不管有多么惊人，也会因腐败前功尽弃！为了维护政权的稳固，就必须警惕来自各方面的诱惑，就必须保持一身正气。

新时期领导干部要警惕的腐蚀进攻，离不开金钱、权力、美色。而这三者又是紧紧地联系在一起的。权力就是一根藤，上面很容易缠上另两个瓜。古时讲“有钱能使鬼推磨”，而今是“有钱能使磨推鬼”。美国哈佛大学哲学教授桑德尔在新著《钱不应该买什么?》一书中，想要找到钱买不到什么的答案。他在过去 15 年时间里，搜集了大量资料，而阶段性结果却是：时至今日，钱买不到的东西没多少了。领导干部周围这种“钱能通神”的氛围浓了，就要出轨了，因为在这个圈子里的人，是要靠领导干部这根藤做靠山，而钱能支撑这个圈子的长期存在。领导干部一定要心中有数：钱的购买力是应有边界的，不能越过雷池一步。所以领导干部必须是浑身正气，自觉地时刻警惕这三者勾结起来生大病。正是这个原因，说领导岗位是高危的岗位，不是耸人听闻，领导干部日夜都不能掉以轻心。

领导干部一定要记住，这个世界既不是有权人的世界，也不是有钱人的世界，而是有心人的世界。怎样对待权力和金钱，全靠人的心灵。雷锋说过：“凡是脑子里只有人民、没有自己的人，就一定能得到崇高的荣誉和威信。反之，如果脑子里只有个人，没有人民的人，他们迟早会被人民唾弃。”只要一身正气，没有抵抗不了的消极力量。手中掌权的领导干部，是走向辉煌的前程，还是进入地狱深渊，全在自己的一念之间。一念之差，就会阴阳两隔。

就是只要有一点唯物主义的意识，也都知道金钱是身外之物的道理，一个人能吃多少？能住多少，能用多少？多余的，如果不做善事，迟早会惹出祸端。老子说过：天下万物，芸芸众生，都是从需静中来。需至极点，静至极点之时，万物便竞相萌发。我于是以一颗安静、恬静的细心体察这万千生命的复归过程：这万物经过一段枝繁叶茂的生命途径之后，又各自回复到它的根底——万物的初始阶段。所以老子说“需为无欲，静为无为。”通过不断地去私欲除邪的自我改造，就能真正懂得人生的真谛。他们于是做到公正无私，处事周到，从而达到与道合真、至善至美的真人境界。老子使我们了解了虚静复命、归根复命这一万物生命变化的规律，从而悟出人生的真谛。当我们懂得了生不带来、死不带去的道理之后，就应自觉地循道而行，胸怀广阔、大公无私地为人处世。

这里要特别强调对金钱的态度，党员领导干部能否对金钱应对有方，直接关系到其生死存亡。1200 年前，唐朝有一位叫张说的官员，用 187 个字精辟地阐述了钱的功效和应对之方，就叫“钱本草”，看他怎样描述这一剂药的：

钱，味甘，大热，有毒（得到钱时有甜蜜感，钱多了气粗谓之热，胆壮，派头十足）。

偏能驻颜，采泽流润，善疗饥，解困厄之患立验（用钱可脂膏雨露，滋养本体，吃穿玩，愉快，容颜不衰，比疗饥更有功效。逢困危，以钱通神，困顿立解，逢凶化吉）。

能利邦国，污贤达，畏清廉（钱可富国强兵，对国家有利；对德高望重之人，可勾通、污染、击垮才德声望。对清廉者，刚直无欲，金钱避而远之）。

贪者服之，以均平为良；如不均平，则冷热相激，令人霍乱（均平即适度）。

其药采无时，采之非理则伤神（生财有多种形式：技、医、马、骗、巫、魔、武、方术，生财有道，勤劳致富，可安享；取财非理，必伤神）。

此既流行，能召神灵，通鬼气（人情在金钱面前险恶之至，两贼盗墓必死一；美女有钱决不嫁老翁，老翁万贯能娶少女，非女懦弱，金钱好色；毁人生命，破人贞超）。

如积而不散，则有水火盗贼之灾生；如散而比积，则有饥寒困厄之患至（不积乱开销，受饥寒意外袭击；有钱不舍花，悭吝则被盗、劫。水火指被清算）。

一积一散谓之道，不以为珍谓之德，取予合宜谓之义，无求非分谓

之礼，博施济众谓之仁，出不失期谓之信，入不妨己谓之智。

以此七术精炼，方可久而服之，令人长寿。若服之非理，则若志伤神。切须忌之。

领导干部多看几遍，多想几遍，有益无害。

孔子在晚年曾总结自己的人生教训，告诫弟子们：“少之时，血气未成，戒之在色；及其壮也，血气方刚，戒之在斗；及其老也，血气既衰，戒之在得。”这“三戒”，对当前领导干部而言，有很重要的借鉴作用。

如频发的“59岁现象”，就是接近退出领导岗位时，有些领导干部的一种心态。一生奋斗不息，一尘不染，快退休了，想到自己的“后路”，容易放松一直紧紧固守的原则，抓紧为个人和家庭“着想”了。这一“放松”，这一“抓紧”，就出格了，加上有人特意“关心”一下，就会晚节不保，“毁了一世英名”！

领导干部要维持正气，需要做到的第二个方面就是处事公道。

公道正派，对领导干部来说，很多表现在用干部这个环节上。公正用人是廉洁的核心。最大的腐败是吏治的腐败，历来如此。其实，现在对任用干部，已经有了一系列的规定和规范化的操作程序，如果能严格地遵守这些规定，严格按程序办事，会防止很多问题的发生。

公道正派地选用干部，是领导干部讲正气的一个十分重要的内容。自古以来，最大的腐败就是吏治的腐败。公道地用人是廉洁奉公的核心。在一个单位、一个部门，用对了人就可以调动大家的积极性，一年四季有好心情，凝聚力增强，工作就好开展了。用错了人就会伤了大家的心，都憋着一股气，怎么能心情舒畅地干工作呢？用人是否公道直接影响党的形象和威信。

现在，选拔任用干部已经有了一整套行之有效的规范化的、制度化的章法，只要严格遵守，可以免除很多弊端。在干部的考核过程中，要注意干部的德才表现，注意群众的公论，注重工作的实绩，因为群众的眼睛是雪亮的，谁优谁劣，群众心中自有一杆公平秤。所以最有资格评价干部的是群众。所以一定要倾听群众的意见。多听群众的公论，就可以防止跑官、买官的人得逞。只要领导干部公正，就会在自己的职权范围内制止和防止在用人问题上的腐败现象发生。对干部的使用，一定要做到三条：一是群众一致认可，二是班子意见一致，三是上级审核同意。

古时候曾子曾讲过："用师者王，用友者霸，用徒者亡。"这是什么意思呢？古时尊奉真正贤能之人为"师"，这是一种谦虚的表现。拜了贤能之人为师而"王天下"的事例很多。周文王请姜太公为师，后来周文王去世，周武王继位，将姜太公尊为尚父。还有汤用伊尹，齐桓公用管仲并尊之为仲父，燕昭王用郭隗，都是用师，执政掌权，开疆扩土，建功立业，成就了一番事业。"用友为霸"，就是领导者对其部属像兄弟朋友一样。例如，刘邦用张良、萧何、韩信，苻坚用王猛，刘备用诸葛亮，等等，都是用朋友而称王称霸，取得成就的。"用徒者亡"，是指领导者专门用那些附炎趋势、言听计从、唯唯诺诺的人，那样就会导致理所当然地失败。这些都是古人在长期观察后，从历史经验中提炼出来的用人原则，是招兵买马、施行王政的有力措施，是极其重要的经验，对今天来说，是很宝贵的财富。

1957 年 7 月 9 日，在上海干部会议上，毛主席说："刘备得了孔明，说是'如鱼得水'，确有其事，不仅小说上那么写，历史上也是那么写，也像鱼跟水的关系一样。群众就是孔明，领导者就是刘备。一个领导，一个被领导。"1957 年 11 月 18 日，在莫斯科共产党和工人党代表会议上，毛主席说："任何一个人都要人支持。一个好汉也要三个帮，一个篱笆也要三个桩。这是中国的成语。中国还有句成语，荷花虽好，也要绿叶扶持。我们中国还有一句成语，三个臭皮匠，合成一个诸葛亮。单独的一个诸葛亮总是不完全的，总是有缺陷的。"

公能生明。以民为本，处以公心，处事公道，这是做官的基本要求。"当官不为民做主，不如回家卖红薯。"清朝"扬州八怪"之一的郑板桥，大年初一到县城里转，看到一户人家门上贴着一副对联：上联是"二三四五"，下联是"六七八九"，横批是"年年如此"。于是他说：

“这一家生活困难，过不了年，连饺子都吃不上。”跟班的衙役问：“你怎么知道的?”郑板桥说：“你没看见吗？上联是二三四五，只缺了一；下联六七八九，只缺了十，就是‘缺衣少食’啊！而且是年年如此。”然后，郑板桥就叫衙役给这家人送去了衣被和粮食。郑板桥先后在山东范县和潍县当过县太爷，当了十年也没升官。有一年当地下了大雨，发了大水，他就开仓放粮，救济灾民，减少了死亡人数。结果上司听说了，还要追究他私自开仓放粮的责任。他说：“不用‘问责’了，老子不当这个七品芝麻官了，回家卖字卖画，照样能活着。”当他离开的时候，老百姓都去送行，而且是送了一程又一程。郑板桥很感动，他对百姓说：“乡亲们，都回去吧!”老百姓说：“县太爷，你给我们留几句话吧!”郑板桥说：“你们像爱护自己的儿子一样去爱自己的老子，你们就是孝子了!”像郑板桥这样的清官，为民请命的官，不会“人一走，茶就凉”，而会被百姓永远记住。而如果是贪官，不办实事，不办好事，还办坏事，那么，不管你是多大的官，你离开了，退休了，也会有老百姓骂你!

公与私的关系处理好了，就一切都好办了。雷锋曾说过：“我要牢记这样的话：永远愉快地多给别人，少从别人那里拿取。这种共产主义精神，我要在一切实际行动中贯彻。”我们看现在发生的不和谐的现象，看起来是行政工作的方法问题，实质上，大多数是公与私的关系问题。是执行公务的人为了谁的问题，是公务员的屁股坐在哪里的问题。

说到这里，不能不说一说多次发生的强制拆迁问题。按字面理解，强制拆迁，就是由政府决策拆掉旧房屋，用这块地搞新的建设，遇到阻力而强行实施。从报道的情况看是有少数人无理取闹，不得不采取强制措施。但也有很多的，是决策不合理，或补偿不合理造成的。在一些拆迁重建的工程中，总有人赚了大钱，而并没有给予老百姓应有补偿。这就会造成老百姓的反感。前不久，媒体披露的地产商和极少数官员勾结损害群众利益而中饱私囊的案件，反映出了官员有无公正之心在这里起了决定的作用。是把心放在老百姓的一边，放在国家利益一边，还是放在只图私利的地产商和少数官员一边，是鉴别是不是真正的共产党人的试金石。

有这样一位领导干部，他是一位市委副书记，老百姓对他的口碑很好。有人问他，为什么他每次讲话都能讲到老百姓的心里去，提出的办法每次都受到群众欢迎。他说："这个很简单，我给自己规定了'五个一工程'：每周一定要乘一次公共汽车上班，宁可迟到了做个检讨；每周亲自到菜市场买一次菜，宁可听人我说掉架；每周一定要打一次的士，宁可听司机数落领导干部；每周一定要到小学去听一堂课，宁可和老师再聊一遍老师的烦恼；每周一定要到大学生食堂吃一顿饭，宁可与青年人争辩个没完没了。"这"五个一工程"，帮他了解了不少事情，胜过很多长会、短会。他说，这五件事，必须是领导干部亲自去做，去体验，别人代替不了自己的感受，不是听汇报所能得来的。实践证明，贴近基层、贴近群众、贴近第一线，是为老百姓着想的前提条件，而只有具备为人民服务的思想，才能长期坚持"三贴近"。本来我们党和政府就有一个不成文的传统，从中央领导干部到基层干部，经常下去调查研究。高级干部都是轻车简从，基层干部也是骑自行车或步行。一下去就是很长时间，一头扎到群众中去，促膝谈心，与群众同吃、同住、同劳动。群众有什么心里话都愿意和干部谈，所以干部总能了解到真实的情况，很多问题在基层就解决了。那时的干群关系、党群关系，可以说是十分融洽。很多领导干部和机关干部都与基层群众交上了朋友，有的甚至是一辈子的朋友！

陈毅曾经讲过，作为一个领导干部，一生应开好三个会：一个是庆功会，这样的会一生中应争取多开；一个是组织生活会，要经常开展同志之间的批评与自我批评，互相帮助；一个是追悼会，当然这要由别人给他开了，他自己不能亲自参加了。这时，对每个人究竟如何，总要有个评价，盖棺定论。要想开好这第三个会，生前就必须开好前两个会才行！

讲正气，最后还要讲到正直，就是要提倡说真话、说实话，而不是看上级脸色办事。

领导干部必须要领会上级的指示精神，但又不能照本宣科，照搬照抄。一定要结合本单位、本部门实际开展工作。这就是陈云同志多次讲的“要唯实，不唯上，不唯书。”今天我们讲正直，不是讲你心直口快，而是强调尊重客观规律，说实话、办实事。一段时间以来，我们很多人养成了眼睛只朝上看，不向下看的毛病。做事只想着为领导负责，而不管实际需要，不管群众满意不满意的现象时时出现。把上级的讲话念了一遍又一遍，就是不联系本单位实际。结果是上下一般粗，形式主义盛行。这本来是违背了我们共产党人光荣传统的作法，却被当作天经地义的了；而如果有人稍稍改变一下，就会引来非议，看做是大逆不道。

有这样一件事：一次传达上级会议精神，主持者说，上级领导的重要讲话已发给大家了，会上就不读了，会后大家要好好阅读，做好笔记。今天只是讲一讲参加上级会议后，联系本单位实际，应重点抓些什么工作。结果会场上一片轰轰隆隆的议论之声音，看样子都习惯了端着水杯坐下听半天读文件的会议了，反而不习惯说实际情况的了。这需要全体领导干部长时间的努力，才能真正恢复我们党的好传统。

“第三口气是十足勇气。”

解放思想需要十足的勇气。就拿联产承包责任制的建立来说。1978年秋收后，安徽凤阳小岗村辛苦耕作了一年的农民仍然穷得吃不饱饭。这时生产队的18位农民，冒着坐牢的危险签下一份协议，把属于集体的土地承包到农户，由农民自主决定种植品种和结构，按照承包土地的数量，农民向国家和集体交纳一定的税赋和提留后，剩下的全部归自己所有。当时小岗村的村民党员连遗嘱都预备好了。如果生产队长因此而坐牢，其余17户共同养活其家属。但正因为有了他们的创举，才有了后来的“交够国家的，留够集体的，剩下都是自己的”家庭联产承包责任制，并逐步得以完善。

说实话，革命事业本身就是冒险的，就离不开十足的勇气。改革开放是长期的，不是一蹴而就的，随着情况的变化，新问题、新矛盾的涌现，还要改革，就要有解决新问题、迎接新挑战的勇气。而新的一番改革，很可能使已有的利益群体受到限制和冲击，阻力将主要来自有权力者身上。这就更要有勇气，否则就会前功尽弃。我们应当经常回顾改革开放之初，在1978年底中央工作会议上，邓小平的讲话。“思想一僵化，随风倒的现象就多起来了。不讲党性，不讲原则，说话做事看来头、看风向，满以为这样不犯错误。其实随风倒本身就是一个违反共产党员党性的大错误。独立思考，敢想、敢说、敢做，固然也难免犯错误，但那是错在明处，容易纠正。思想一僵化，不从实际出发的本本主义也就严重起来了。书上没有的，文件上没有的，领导人没有讲过的，就不敢多说一句话，多做一件事，一切照抄照搬。把对上级负责与对人民负责对立起来。不打破思想僵化，不大大解放干部和群众的思想，四个现代化就没有希望。一个党、一个国家、一个民族，如果一切从本本出发，思想僵化，迷信盛行，那它就不能前进，他的生机就停止了，就要亡党亡国。”讲出这番话本身就很有勇气。这样的勇气直接影响了国家的兴衰。

反腐倡廉更需要十足的勇气。领导干部不是生活在真空，领导干部是在社会大环境的包围下工作的。特别是对于管钱管物管人的领导干部来说，在你当上领导的第一天，不，甚至于在上任的消息透露出的那一刻开始，就有人开始打主意引诱你、利用你、拉拢你了。你不能回避，不能躲躲闪闪，而只能直面这一切。这就要靠你的底气，加正气，再加上十足的勇气。对此一定要心中多一根弦。彭真同志曾说过：“拍马屁股，是为了骑马。拍你的马屁，也是为了骑你。”谈笑间，将献媚者的嘴脸揭露无遗，也指出乐于接受献媚者的人的愚蠢。

毛主席在读《聊斋志异》时，对《席方平》这一篇给予了更大的关注。他说：“《席方平》这篇作品的内容是借描写阴间的黑暗，来揭露清朝人世间的黑暗。它描写阴间的狱吏、城隍、郡司，以至冥王都是贪污受贿，不问是非曲直。阴间的最高统治者冥王，对受地主老财的迫害，因而枉死的人来告状，不但不受理，而且用酷刑迫害。结论是：这篇小说的主人公觉得阴曹之暗昧尤甚于阳间。”他强调，干部要有坚持原则的勇气，在大是大非面前，要旗帜鲜明，要有“五不怕”的精神，即一不怕撤职、二不怕开除党籍、三不怕老婆离婚、四不怕坐班房，五不怕杀头。有了这“五不怕”的思想准备，看破红尘，就什么都不怕了，就敢于实事求是，敢于坚持真理了。《聊斋志异》的作者告诉我们，不要怕鬼，你越怕鬼，你就越不能活，他就要跑进来把你吃掉。毛主席还把不怕鬼和当年我们炮击金门联系起来，他说：“我们不怕鬼，所以炮击金门、马祖。这一仗打下去之后，现在台湾海峡风平浪静，通行无阻，所有的船只不干涉了。”毛泽东认为，一切敌人、对手和困难，都属于“鬼”，只有不怕它，才能战胜它，克服它。

作为党委和纪委的领导干部，一定要坚定不移地树立常抓不懈的思想，坚持与腐败现象作斗争。在善与恶的关系上，毛泽东十分赞扬孙悟空的看法。在《西游记》中，孙悟空有一段话：“千日行善，善犹不足。一日行恶，恶常有余。此言果然不差。我跟他打杀几个妖精，他就怪我行凶，今日来家，却结果了这许多性命。”毛泽东在此处批道：“千日行善，善犹不足。一日行恶，恶常有余。乡愿思想也。”什么是“乡愿思想”呢？就是不讲是非的好好先生的人生哲学。就是《西游记》里描写的唐僧的待人处世哲学。孙悟空则与此相反。毛泽东对唐僧虔诚信奉的处世哲学极力反对。事实上，没有孙悟空一路上的战妖除恶，斩魔行善，师徒四人要到达西天是不可能的。善和恶是相比较而存在的，有善就有恶，善恶并存是永恒的。1957 年毛泽东在省市委书记会议上讲过：“善事、善人是跟恶事、恶人相比较，并且同它作斗争发展起来的。”这样的话，毛泽东后来还说过几次。1956 年 9 月 27 日，在接见外宾时，毛泽东说：“现在我们把未来的理想想得很美，可是未来到来时，人们会感到不满意，一万年以后社会上还有善恶，无恶即无善。”《西游记》是写佛门之事，按理说应对和尚们的慈悲和行善应当多用点笔墨，然而吴承恩笔下的四大皆空的和尚仍然有贪财好色的。观音阐院的老和尚为了夺得唐僧的袈裟不惜放火烧寺院，干出谋财害命的勾当；宝林寺的和尚用世俗的势利眼看人，欺软怕硬，却无半点慈悲心肠；在被佛教宣传为天堂般的西方极美极善的、庄严神圣的世界里，还是有佛祖手下两大弟子阿傩、伽叶向取经人索取如处的丑事，孙悟空将此事告到佛祖如来处，如来反说：“卖贱了，教后代儿孙没钱使用。”唐僧无钱奉承，只得将紫金钵盂奉上。可见成了佛的和尚也是非常爱钱的。唐僧取的无字经被白雄尊者抢去后，满眼垂泪地说：“徒弟啊！这个极乐世界，也还有凶魔欺害哩！”《西游记》里，与孙悟空斗法，阻挡唐僧取经的恶魔，有许多是如来、观世音等手下之人所为，这中纵容身边人员作恶的行径，几与人世间无甚差别。无怪孙悟空道：“你这老官儿，着实无礼。纵放家属为邪，该问个管束不严的罪名。”逼得孙悟空对观音菩萨也发了脾气：“这菩萨也老大惫懒！当时解逃老孙，叫我保唐僧西天取经，我说路途艰涩难行，他许我到急难处，亲来相救；如今反使精邪祸害，语言不通，该他一世无夫！”

坚持正常的党内生活也需要勇气。这本来是我们党的好传统，是党的三大法宝之一。每一个老党员的坚强党性观念都是在严格的党内生活中锻炼出来的，在严肃的批评与自我批评过程中培养出来的。雷锋入党的谈话人、时任雷锋所在团政治处组织股长赵玉瑞同志，回忆当年雷锋入党时的情形。他说：“团党委批准雷锋入党后，团党委书记、团政委韩万金同志指定由我去和雷锋谈话，并讲了谈话的要点。当时雷锋正在沈阳开会，我就打电话约了雷锋谈话。雷锋来了，我出门接他，然后就在沈阳南湖湖边上一条小路上，一边走一边谈。我向雷锋传达了团党委关于批准他入党的决定，向他表示祝贺。雷锋当时很激动，马上表示感谢党组织对他的关心和帮助，是党给了他第二次生命。我对他说，在批准你入党的时候，团党委认为你还存在一些缺点，要求你认真思考，在今后的实际工作和生活中改正。接着我讲了三点存在的问题。雷锋非常认真地听，然后逐条分析了存在问题的表现及危害性，表示一定认真克服缺点，使自己能在党组织的帮助和教育下，不断成长。请党组织放心。说实在话，和雷锋谈话是一次对自己的再教育，雷锋对自己存在缺点的分析是很透彻的。这和雷锋十分注意学习和思考是分不开的。当时那个年代，党内的风气良好，有话直接说，批评与自我批评是推心置腹的。而现在却有些变化了，和党员谈话都是提几条希望就完了，不是直指其错。”从赵玉瑞的话中，我们感到党内的严格组织生活是该恢复了。

“第四口气是胸怀大气，就是胸怀大局、胸怀大志、胸怀宽阔。”

大气，最集中的体现应该是胸中有人民群众的根本利益，就是有全心全意为人民服务的思想。这不是一句空话，而是表现在一位领导干部的每一天、每一个决策上。

不搞急功近利和短期效应。当官为什么？这个核心问题决定了一个领导干部的价值取向，也决定了领导心胸是否狭窄，因而决定了一个领导干部的行动方向。为了国家的长远利益，为了广大人民的根本利益，领导干部就一定要科学筹划，长远规划，不只求在自己任内出成果，宁愿为长远建设当人梯。如果是为了升官发财，为了个人的名誉和利益，就一定会做给上级看，而搞“面子工程”和短期效应。

有的地方只热衷于大手笔搞“形象工程”，其他则统统让路。只重显绩，不重潜绩，看得见的做得很漂亮，看不见的粗制滥造；想的是自己栽树自己乘凉，为求任上见效，哪怕竭泽而渔。群众最反感这样的干部：在工作中搞短期行为，宁可做势，不愿做事，在事业上不下工夫，搞小团体利益不遗余力，在人际关系上搞庸俗成风，吹吹拍拍拉关系，不讲原则讲义气。这样的干部往往都给后人留下严重后遗症。2012 年 2 月 22 日，《中国青年报》登了一条报道：河南省淅县上集镇党委电话通知一个石材老板梁得红，要他把摆放在人行道上的黄玉石材连夜搬到别处，因为副省长带队的观摩团要经过这里。梁老板说，这怎么行？搬 5000 平方米的黄玉石材要六七天。镇里说，这怎么不可能？结果来了百余人，6 个小时搬完了。事后老板计算，从观摩团第一辆车到达，到最后一辆车离开，总共 38 秒，为了这 38 秒，破损黄玉石材约 1500 平方米，价值数十万元。但对于镇里来说，38 秒极其重要，甚至 1 秒，就那么一瞥，都可能决定一个官员的前途。官员的前途是谁决定的？当然不是石材老板决定的。重视上级领导的观摩，那是天经地义的。后来镇上决定出钱，给梁老板补偿一部分，对他说，不能狮子大开口，最多 1 万元。只是官员们没有说清楚：镇里也不会造钱，钱由谁出？从法理上说，所有官员都不会生产财富，补偿的钱，即使是 1 万元，都应该问问纳税人，应该不应该花。

不搞“新官上任三把火”。“新官上任三把火”引自三国演义。诸葛亮 27 岁时，54 岁的刘备“三顾茅庐”，请诸葛亮出山，协助他打天下。关羽和张飞都对诸葛亮不服气，他们想，叫个小伙子来当军师怎么能行啊！等着看笑话吧！然而诸葛亮连着烧了三把火：火烧博望、火烧新野、火烧赤壁。这三把火烧的曹操大败，烧得关羽和张飞服了气，对诸葛亮十分佩服。后人引用这个典故，用来说明新官上任就要拿出真本事，以服众。新上任的领导干部要迅速拿出主意、做出点成绩来，以振奋精神、鼓舞人心，这是多数人的共同愿望，是可以理解的。但对领导干部来说，应谨用此策，甚至于应避免急于求成。凡是成熟的、有远见的领导干部，都不会热衷于“新官上任三把火”。实践已经证明，热衷于搞“新官上任三把火”的，即使出于好心，也不可能在短期内做出重大的政绩，树立起自己的威信，往往会适得其反，给后来的工作造成负面影响，甚至于造成后遗症，给后人形成障碍。我们不是主张新官上任满足于庸庸碌碌，无所作为，而是强调要深入实际，调查研究，对症下药，不搞急功近利的短期行为。如果把政绩与升迁“挂钩”，就必然与民心“脱钩”。毛主席说过：“没有调查就没有发言权。”他反对新官上任，下车伊始，就哇拉哇拉发议论，这也批评，那也指责，他说，这样的领导干部“一定要弄坏事情，一定要失掉群众，一定不能解决问题。”毛主席一连讲了三个“一定”，可见其态度之显明。

不搞为官一任的“行为周期率”。这个周期率不是黄炎培所说的那个周期率，而是指一个干部在他的任期内，从开始到结束，不同时期中表现出来的精神状况是有规律的。其中，任职的最后阶段被称为“垃圾时间”。为什么呢？因为在这个时段，很多人不求进取，而是消极保守，维持现状，观望等待，等换届后再干事。改革进程中，遇到干部的“垃圾时间”，就停下来了，甚至做了夹生饭。只有像雷锋那样，牢固树立为人民服务的思想，才能改变某些官员脑子里根深蒂固的“垃圾时间”意识，珍视在任的每一分每一秒，毫不怠慢地为人民多做点好事。

不搞“十几个人来七八条枪”。领导干部是不是全心全意为人民服务，反映在组织上，就是能否任人唯贤，搞五湖四海，而不是任人唯亲，搞小山头，像胡传魁那样搞“十几个人来七八条枪”。有的领导干部对此已养成了习惯，到一个新单位，就撤换一批干部，调一批，提拔一批，特别是把自己带来的干部放在关键岗位上，以求工作方便，也为显示自己的威信。乍一看，这个干部真有魄力。结果是，往往没有好结果，干出违法乱纪的事很方便，可以说，这方面的教训已经不少了。有的领导干部，连领导班子里的成员都团结不了，党政两个“一把手”明合暗不合，班子哪里能形成合力。大家都看过“将相和”，有的领导干部恐怕连古代的廉颇、蔺相如都不如，搞龙虎斗、窝里斗。团结一班人一起齐心协力干工作，既是品德，又是才能，而且是一门高超的艺术。邓小平同志说过，团结出生产力，团结出凝聚力，团结出战斗力。

毛主席说：“看《三国演义》，不但要看战争，看外交，而且要看组织。你们北方人——刘备、关羽、张飞、赵云、诸葛亮，组织了一个班子南下，到了四川，同‘地方干部’一起建立了一个很好的根据地。”他的意思是说，外来的干部一定要同地方的干部很好地团结在一起，才能做出一番事业。

领导干部一定有很强的包容之心，对人不能求全责备。毛主席在1975年8月读鲁迅的《准风月谈》中的《关于翻译》一文后，写下了“吃烂苹果”一句，是赞赏鲁迅的观点的。鲁迅说：“苹果一烂，比别的水果更不好吃，但是也有人买的，不过我们另外还有一种相反的脾气：首饰要‘足赤’，人要‘完人’。一有缺点，有时就全部都不要了。”同年10月，毛主席在一份材料上又批示：“打破‘金要足赤’，‘人要完人’的形而上学错误思想。”毛主席多次讲到项羽不会用人，搞孤寡老人，招致失败的教训。他说：“项王非政治家。汉王则为一高明的政治家。”1962年1月30日，在七千人大会上，毛主席说：“刘邦，就是汉高祖，他比较能采纳各种不同的意见。有个知识分子叫郦食其，去见刘邦。初一报，说是读书人，孔夫子这一派的。回答说，现在军事时期，不见儒生。这个郦食其就发了火，他向管门房的人说：‘你给我滚进去报告，老子是高阳酒徒，不是儒生。’管门房的人进去照样报告了一遍。‘好，请。’请进去了，刘邦正在洗脚，连忙起来欢迎。郦食其因为刘邦不见儒生的事，心里还有火，批评了刘邦一顿。他说，你究竟要不要取天下，你为什么轻视长者！这时候，郦食其已经60多岁了，刘邦比他年轻，所以他自称长者。刘邦一听，向他道歉，立即采纳了郦食其夺取陈留县的意见。此事见《史记·郦生陆贾列传》。刘邦在封建时代被历史学家称为‘豁达大度，从谏如流’的英雄人物。刘邦同项羽打了好几年仗，结果刘邦胜了，项羽败了，不是偶然的。”

谈到包容之心，还要说说受委屈的事。在社会上生活，形形色色，纷繁复杂，什么样的事都可能遇到。有时会被误会，有时会受委屈。如果用很大精力去解决这些问题。哪还有心思工作呢？雷锋是怎样处理这类问题的呢？雷锋遇到的这样的事很多，最典型的是谈恋爱问题，直到雷锋牺牲了多年了，有的人还在无聊地做这类文章呢？1962年7月29日，指导员高士祥和雷锋谈话，他说：“雷锋同志，你从三月份离开连队到下石碑山单独执行运输任务，工作积极，政治责任心强，任务完成得很出色，安全行车四千多公里没发生事故，同时还给人民群众做了很多的好事。这很好，要继续发扬。不过，现在有人反映，说你和一位女同志谈情说爱，是否有这么回事呢？你好好谈谈。”雷锋在当天晚上日记中写到：

“从内心往外说，我没有和哪位女同志谈情说爱。指导员提出这个问题，我感到莫名其妙，不知风从何起。首长经常教育我们，无论到什么地方，都要严格要求自己，不要违法乱纪。这些话，我永远也不能忘记，坚决不会明知故犯。

“我想：自己年轻，正是增长知识的好时候，应该好好学习，好好工作，更好地为人民服务。我还这样想过：我是在党哺育下长大成人的，我的婚姻问题用不着自己忙。

“现在，有同志说我谈情说爱，没有任何根据，完全是误解。我是个共产党员，对别人的反映和意见不能拒绝，哪怕只有百分之零点五的正确，也要虚心接受。现在有的同志还不了解我，冤枉了我，使我受点

委屈。这也没什么，干革命就不怕受委屈。‘没做亏心事，不怕鬼敲门’，我没有这回事，就不怕别人说。

“‘有则改之，无则加勉。’事情总是会清楚的，让组织考验我吧。”

这是雷锋人生最后的半个月里的真情表达。对后来一直想拿雷锋谈恋爱说事的人们来说，这就是雷锋亲自回答他们的质疑了。委屈还要再继续下去吗？

干部一定要处理好与亲戚朋友以及身边工作人员的关系。在新时期，由于一些政策的变通性，为某些领导干部安排身边的人、安排亲戚朋友留出了机会，加上监督机构作用弱化，使私心重的领导干部抓住机会就干，使群众很不满意；这些亲戚朋友和身边工作人员，有的又不争气，惹出种种事情来，更加影响党的威信，给政府机关摸黑，这是很痛心的事。这些人惹了事，领导干部再去插一手，就只能是火上浇油，有的可能欲盖弥彰，越抹越黑了。

干部不能把工作做绝了。也就是大家所说的“干绝活”。有的领导干部干工作，只是计划着自己任期出业绩，为此想方设法预支经费，把地皮卖完，把经费用光，甚至于寅吃卯粮，给后人留下一堆债务，留下“半拉子”工程。这样的干部，看起来也干了一些事，甚至于上级那里印象较好，可以提升使用，而给工作，给单位带来的是灾难性的后遗症。一个心胸宽广的领导干部，一定要树立，为官一任，负三代责任的思想。这里说的三代责任，是指对前任、对现任、对后任负责。对前任遗留的问题和矛盾，要负责地加以处理，决不能“划清界限”，怕影响自己的政绩，而不管不问，把事情推给前人，一推了事，需知这都是党的事业，都牵涉到人民的切身利益，关乎老百姓的冷暖、安稳。不能一味地埋怨前任，特别是在部属和群众面前数落前任，表白自己与此无关，需知这是很傻的一种行为，你今天数落前任，明天后人会学你一样的数落你。在当任，不搞“一个将军一个令”，注意单位或部门工作的继承性和连续性。领导干部工作的重心是筹划好任内需完成的事项，投入主要精力抓工作，给群众以信心和希望。对后任负责，是指不干“绝活”，给后人留出路来。这就叫给前人一个台阶叫他能下台阶，给群看到希望，给后人留出道路。这也反映出领导干部的胸怀。

大气，还经常表现在领导干部的气质上。

毛泽东对孙悟空的“强者为尊该让我，英雄只此敢争先”，“皇帝轮流做，明年到我家”的形象称颂不已，激情欢呼。1961 年 11 月 17 日，他写下了著名诗句：“金猴奋起千钧棒，玉宇澄清万里埃。今日欢呼孙大圣，只缘妖雾又重来。”1963 年 7 月 14 日，在同修正主义争论时，在公开信中他说：“从那时起，我们就像孙悟空大闹天宫一样。我们丢掉了天条！记住，永远不要把天条看得太重了，我们必须走自己的革命道路。”1966 年 7 月，毛主席写到：“我是自信而又有些不自信。我少年时曾经说过：自信人生二百年，会当击水三千里。可见神气十足了。但又不很自信，总觉得山中无老虎，猴子称大王，我就变成这样的大王了。但也不是折中主义，在我身上有些虎气，是为主，也有猴气，是为次。”

心胸开阔，眼界宽广的领导干部，遇事处处以事业为重，不去斤斤计较小事。特别是对名誉、待遇等等。雷锋曾讲过一个经历。一次他到兄弟部队去作报告，到了那里，有几个战士瞪眼看着他，不敢认他，还在议论：这不是雷锋，雷锋一定是个下士了。哪能还是个上等兵呢？和雷锋一起去的同志说：“你们不认识他吗？他就是雷锋啊！”雷锋笑着和他们握手，其中一个战士伸出大拇指对雷锋说：“你是这个，呱呱叫的，起先我们都不敢认你，以为你一定是个下士了。”雷锋在日记中写到：“我分析了一下，他们想我一定是下士了，也许有点‘根据’。因报纸上都宣传过，同时党和首长都很信任，一定要提升得快一些。可是他们没有想到工作需不需要的问题，为了党和人民的事业，我总想多贡献一点力量，那些个人的军衔级别，我真没时间考虑。”

心胸开阔，眼界宽广的领导干部，遇事处处以事业为重，不计较个人恩怨。这一条也很重要。曾报道一位女市长，记者问她，当一个市长不容易，当一个女市长更不容易，是怎样处理领导的大度与女性的细腻的关系的呢？她说：“女性也不一定都细腻，但是领导干部要大度倒是有点体会的。有一次，因工作上的问题，我把一位局长叫到办公室，严肃地批评了他，他情绪很低地离开了。半个小时后，我又把他叫来向他布置工作，可他情绪还没有转过来。我对他说，你是个男子汉，我刚才也生了气，气的也很厉害，我都调整过来，可你还在记着这件事！我要求他，当领导干部，就要有点大度，吃饭不超过两个菜，生气不超过三分钟。”这就是领导干部的大气所在。她说，领导干部不能总发脾气或生闷气，别人做错了叫他改了就行了，自己错了，自己下决心改，不要用别人的错误惩罚自己，也不要用自己的错误惩罚别人，更不要用自己的错误惩罚自己。

讲到大气，还有一个问题，就是领导干部讲话要大气。理直气壮，光明磊落。朱镕基、李瑞环讲话，就有这个特点。领导干部讲话，一定要讲真话，讲实话，不要讲那些不痛不痒的话，就是老百姓说的那种讲了也白讲的话。现在有些领导干部讲话，被人戏称，他说了上句大家就知道下句了，可听了下句就忘了上句了。叫人听了味同嚼蜡，这样开会就是浪费时间，而且把我们党和政府的风气搞坏了。

1940 年 11 月马寅初在重庆实验剧院作讲演《战时经济问题》，他一上台就说：“前方吃紧，后方紧吃；前方流血奋战，后方和平满贯。真是天良丧尽，丧尽天良！英国有句俗话：一个人站起来要像个人。而今却是人不像人，鬼不像鬼！他们利用国难，把自己养得肥肥的。要抗战，就要这帮人拿出钱来！今天，我的女儿来了，我的讲话，就算是对她留下了一份遗嘱。蒋委员长要我去见他，他为什么不来见我？我在南京教过他的书，难道学生就不能来看老师吗？他不敢来见我，就是他害怕我的主张。有人说蒋委员长领导抗战，可以说是我国的‘民族英雄’，但是照我看，他只能说是‘家族英雄’，因为他包庇他的亲戚家族，危害国家民族啊！”在以后的多次讲演中，马寅初又多次发表了这种声明。人们都称他是光明磊落、襟怀坦白、气度不凡。也有人说他理直气壮、铿锵有力，对国民党的腐败无能一针见血，淋漓尽致。从此马寅初声名大振。

20 世纪 60 年代初，陈毅元帅到军事工程学院（哈军工）检查工作，其间他专门召集全院人员讲了一次话，这次讲话在哈军工人员中传为美谈。针对一些高级干部子女所表现出的特殊化、优越感现象，陈毅元帅说："你们出身高级干部家庭，这对你们很不利呀!"这是出乎意料的，也是令听者深思的。

"文化大革命"结束，彭真从陕西省商县大山里走出，返京恢复工作后，他被邀请到中央党校作报告。在报告过程中，许多人递纸条子，让他谈谈怎样度过 9 年牢狱苦难生活的。然而彭真同志并没有在意这些条子，继续作报告。

突然，报告厅里停电了，麦克风也没有声音了，全场一片漆黑。几分钟后，灯光又亮起来了，彭真拿起一张纸条子念了一下，然后诙谐地说："'文革'中我经历的这 9 年是一段漫长的时间，但你想开了，它在我们党的历史上，不过就像刚才灯暂时灭了一会儿一样，只是短暂的一刻，已经过去了。现在，灯又重新亮了，我们该做什么，就应该去做什么了。"彭真的话，令与会人员投去钦佩的目光，他的话音刚落，全场人员情不自禁地鼓起掌来，掌声雷动，长达好几分钟。

原总参军训和兵种部政委田永清将军，听过他报告的人都说，在他给领导干部做报告时，敢讲三句话，就是做报告开始说的"约法三章"：一是可以交头接耳，说悄悄话；二是可以闭目养神打瞌睡；三是可以中途"开小差。说来也怪了，在他的报告过程中，不管是两个小时，还是三个小时，他的报告吸引力总是那么大，总是在掌声和笑声中进行，直到结束。他在报告里讲的，都是大家关心的事，都是大家想说的事，都是实话实说的，所以受到好评。他感慨地说过："其实，人们，特别是年轻人，并不是不愿听报告，而是看是谁来讲，讲什么，怎么讲。只要是老百姓关心的事，实事求是地讲，讲的人在位时是公正廉洁、公道正派、勤勤恳恳的干部，讲起来就自然是理直气壮，入情入理，怎么能没人愿意听呢?"

在几千人的大会上，周恩来总理和邓颖超同志的讲话，没有稿子，就那样讲，而且开门见山，言简意赅，妙趣横生，引人入胜，给人留下深刻印象。有人问周恩来总理，怎样讲话？周总理风趣地说了四句话，这四句话对我们在大会上讲话有很好的指导意义。周总理说："这和演出一样，要心中有人，'目中无人'；'藐视观众，重视观众'。"心中有人，就是心中装着观众，绝不辜负大家的期望，一定要讲好、演好；目中无人，就是不要害怕，不要怯场，你们来了，就要听我的，看我的演出，我就要引导好你们大家；藐视观众，就是胸有成竹，信心十足；重视观众，就是要看到，许多观众的水平是很高的，不能马马虎虎，一定要全力以赴，精益求精，一步一步地都要讲好、演好。如果心情紧张，发挥不出自己应有的水平，而且会使群众感到失望。

在我们心目中，讲话、写文章，最有大气的，非毛泽东莫属了。毛主席讲话风趣幽默，写起诗词来，也是大气磅礴，令人鼓舞，使人振奋。1945 年，抗日战争胜利后，为了争取和平，揭露国民党反动派的假和平、真备战的野心，毛主席以大无畏的革命精神，不顾个人安危，到重庆与蒋介石谈判。柳亚子向毛主席索取诗词，毛主席就把他 1936 年写的《沁园春·雪》抄给了柳亚子。这首词在重庆的报刊上发表后，轰动了山城。蒋介石把陈布雷叫来，核实了这首词的确是毛泽东写的，就叫国民党宣传部发通知，以"沁园春"为词牌，叫重庆各界名流填词，一定要超过毛泽东。结果，收到了 200 多首词，蒋看了，大发脾气：没有一首可与之相比的。发脾气有什么用，毛泽东的诗词，那个气魄、那个气势，谁能超过他？柳亚子说："润之（毛泽东）此词一出，苏东坡、辛弃疾都不在话下了。真是'数风流人物，还看今朝'！"胸中没有气魄，怎能写出气魄来？毛主席发表这首词，在与国民党反动派的斗智斗勇中发挥了重要作用。蒋介石发动重庆的名流写词，结果是"全军覆没"，紧接着，在谈判中又处于被动局面。有人说，国共虽然签订了《双十协定》，但蒋介石很可能撕毁协定，发动内战。毛主席说："我们是一定要遵守《双十协定》的，如果蒋介石撕毁协定，发动全面内战，那也没什么了不起，那他就在全国人民面前彻底输了理，彻底暴露了他们的真面目，就要加快他们的灭亡！大家看蒋介石的蒋字，是个将军的将字加个草头，他是个草头将军；而我这个毛呢，是个'反手毛'，如果蒋介石胆敢发动战争，我们打败他，是易如反掌啊！"结果正如毛主席所说，我们人民解放军只用了三年多的时间，就消灭了国民党的800万军队，推翻了三座大山，建立起了新中国。

而现在有些领导既没有领导干部的大气，也不做精心准备。遇会就讲，还要很多工作人员围着他转，讲五分钟的话，也要人事先写好稿子，就是主持会议，中间过渡的几句话，也必须给他写出来，就这样，工作人员还胆战心惊，生怕他出了洋相。不知他怎么指导工作，怎么抓工作的？这样的领导干部除了给群众提供一些笑料，只能影响党的威信了。至于在很严肃的大会上把“别墅”读成“别野”，把“造诣”读成“造纸”，被戏称为“造纸厂”，就更贻笑大方，实在是不应该。群众说这样的领导干部，是创作“三句半”的好材料：“白天不看书，晚上不读报，还要到处作报告，瞎胡闹！”毛主席反对党八股，空洞无味的讲话和文章，要求党的领导干部一定要讲大众愿听的话，讲贴近群众的话，讲解决问题的话。在《随园诗话》中有一篇《刺时文》，专讲这种味同嚼蜡的文章：“读书人，最不齐，烂时文，烂如泥。国家本为求才计，谁知道，变做了欺人技。”

当前，党中央要求全党同志学习科学发展观，并且要求把马克思主义中国化、时代化、大众化，要求“三进入”：党的创新理论进入教材、进入课堂、进入头脑；要“三贴近”：贴近实际、贴近群众、贴近生活。这是个重大的且很有深远意义的课题，如果领导干部讲起话来照本宣科，叫人听着就打瞌睡，怎么能实现这几项要求，把创新理论扎根到广大干部群众的心坎里呢？

所谓大气，就是以事业为己任的人，在对工作、对人际关系等问题上的宽广胸怀。而大气，要表现在不搞“官本位”上，即不把官位看成是自己的专有之位。有了功勋，成就了大业之后，更要做到不骄傲不自满，不生野心；更要保持谦虚谨慎，继续奉献。这就是老子所说的“功遂身退”的真谛。

雷锋式好干部之追求

“说完了‘四口气’，说完了领导干部靠什么当领导干部，再说领导干部的追求吧。每个共产党员都有一个共同的追求，那就是社会主义和共产主义的远大目标。每个人都知道，雷锋说过，人的生命是有限的，为人民服务是无限的；我们也都知道，共产主义目标是远大的，短期内达不到。而每个领导干部都希望平安着陆，这也是一个近期目标，对自己来说，其实也很远大了。”老干部接着说。

《朱镕基答记者问》中有一段话可以拿来共同思考一下。时任总理的朱镕基在九届人大三次会议记者招待会上回答中外记者提问时，有一位来自丹麦的记者提出这样一个问题：“总理先生，你的任期已经过半，你希望中国人民在你离任之后最记得你的到底是哪个方面？”朱镕基是这样回答的：“至于我的任期，确实已经过半。在今后不到三年里面，我将恪尽职守，奋力拼搏，以不辜负人民对我的信任。我只希望在我卸任以后，全国人民能说一句话，他是一个清官，不是贪官，我就心满意足了。如果他们再慷慨一点，说朱镕基还是为人民办了一点实事，我就谢天谢地了！”朱总理的这段话震撼人心。概括起来就是两句话、六个字：做清官，办实事。

可以说，中国的老百姓是世界上最勤劳、最善良、最守纪律的老百姓，因此也是最好领导的。历朝历代，老百姓对当官的人的要求不高，也就是那么两条：一条是要求他是个清官，不要贪得无厌，还有一条是要求他为老百姓干一点实事。只要是他不过分贪腐，老百姓都能忍让。可如果贪得无厌，把老百姓逼急了，逼的没路可走了，那就只好揭竿而起，把他给推翻了。

现在提倡建设和谐社会，“和谐”两个字怎么解呢？作家张贤亮有一种解法，很有意思：“禾”、“口”为“和”，就是人人有饭吃；“言”、“皆”为“谐”，就是人人都能讲话。现在看，人人有饭吃，生活安宁，人人能说话，参与大事，还真是建设和谐社会的两个基本条件。一次，某市领导带领局长们拿着扫帚到街上打扫卫生，一位老人上前说：“你们学雷锋，不见得上街打扫卫生，只要你们能克服‘门难进、脸难看、事难办’就是学雷锋了，如果想学得好一点，只要你们不去出台那些危害群众利益的土政策就行了，社会就和谐了，老百姓就谢谢你们了。”

这位老人的话难听吗？可想一想还真有道理哪！

其实，一个领导干部，应怎样去对待自己的岗位责任，应以怎样姿态去干工作，应有一个怎样的未来，在党组织的很多文件中都有叙述。我们只是从老百姓的角度去谈论一下。也是一家之言罢了。

试想，一个领导干部，辛辛苦苦一辈子，如能像孔子说的那样戒色、戒斗、戒得；又像孟子所说，能够“三不”：富贵不能淫，贫贱不能移，威武不能屈；在年轻时能“三成”：成人、成才、成家；中年能做到“三立”：立德、立功、立言，那么，到了离任之后，退出官场，就自然会有“三有”：有福、有禄、有寿。试想，这样的人生是多么圆满、多么成功、多么美好的人生啊！

一个领导干部，如能得到最后这样的一个结果，就很理想了。可以说是个人、群众、组织都会满意，就是“三满意”吧！

第八章

希望之路

雷锋

我们的党是大有希望的，希望就在党员坚持全心全意为人民服务的宗旨，就在党员领导干部带头学雷锋。领导干部是一面旗帜，教育者首先要受教育，管理者首先要带头垂范。只要领导干部都这样做，我们伟大的中华民族就是大有希望的。

看到报道“最美教师”的报纸还放在老干部的旁边，年轻的教师说：“其实，现在将雷锋精神的传承还是大有希望的，就从人们推崇的一个个‘最美人物’就可以看出，大家还认可雷锋精神、敬重道德模范的。只要我们的宣传不放松，想必雷锋精神传承的形势会越来越好的。”

最美人物频出

“最美人物”绝不是“好人好事”那么简单，而是集中体现了社会主义核心价值观，温暖了亿万人民的心怀，启迪了一代人的心灵，给人以希望，给人以向上的力量，使大众看到了美好中国的未来。让我们永远记住他们！

“最美教师”张丽莉，冲向失控客车，推开两个学生。

张丽莉是黑龙江省佳木斯市第十九中学的女教师，她因在车祸瞬间舍身救学生而受重伤，致使双腿截肢，她被赞为“最美教师”。

2012年5月8日晚上20时38分，张丽莉刚走出校门，突然发现停在校门口的一辆大客车猛然启动快速向前冲去，狠狠撞在前面的一辆大客车的尾部，并推动着客车向停在最前面的“依维柯”挤压过去。当时有几个同学正好走在第一辆车和第二辆车中间，眼看着就要被两台车挤在中间。张丽莉迅速冲上前去，一把推开两个学生，自己却被大客车撞翻在地，双腿被车轮碾过。

“最美战士高铁成”，面对燃气爆炸，三度闯入火海，身体被烈火烧伤。

2012年5月18日晚，北京卫戍区战士高铁成休假返回部队途经哈尔滨时，正在就餐的餐馆后厨突然发生煤气泄漏爆燃事故，他没有选择快速撤离，而是立即冲进厨房抢险。他三次冲入燃气爆炸险地排险救人，被誉为“最美战士”。

经医生检查，高铁成头、面、颈、双上肢、右脚二度烧伤，烧伤面积较大，经医院全力抢救，目前高铁成伤情稳定，没有生命危险。

“最美司机吴斌”，高速路上遇袭，舍身保住乘客。

5 月 29 日，杭州市长途客运二公司的司机吴斌驾驶大客车从无锡返回杭州，大客车在高速公路上正常行驶途中，一块铁片从空中飞落，击碎车辆前挡风玻璃后砸中吴斌腹部和手臂，导致其三根肋骨被撞断，肝脏被击碎。危急关头，吴斌强忍剧痛，镇定地完成换挡、刹车等一系列操作，将车缓缓靠边停好，开启双闪灯，打开车门，安全疏散旅客，确保了大客车上 24 名旅客安全无恙，而自己却因伤势过重献出了自己年仅 48 岁的生命。

一桩桩舍己救人、舍己为人的事迹涌现，群众为“最美人物”所震撼和感动，网络上出现了大量抒发敬佩、崇尚之意的贴文和留言。浙江诗人潘维为吴斌写了这样的诗句：“今天，司机用生命把客车停靠在岁月的宁静里，留下的是责任、爱和伟大的平凡。”评论员刘力说：“‘最美教师’张丽莉让我们看到了人间的大爱，‘最美战士’高铁成让我们看到了舍生忘死，‘最美司机’吴斌带给我们的不只是感动，更有将乘客生命视为第一责任的担当，只有当敬业成为习惯，才有可能爆发出超乎想像的能量。”网民“飞扬南石”说：“我们有伸出双臂救坠楼儿童的‘最美妈妈’，有在车祸中舍身推开学生的‘最美教师’，有遇到意外时强忍疼痛安全停车救下一车乘客的‘最美司机’，这就是真正的中国，一个遍地英雄的中国。”网民“王雪野”说：“周玉兰、吴斌等光辉形象，就像一盏盏明灯照亮了民众的心灵，也照亮了社会的希望。一个个‘最美’人物用自己的实际行动表明，我们生活的时代满怀善意，爱的种子广布民间。”网民“赵木木”认为，“最美”人物的职业坚定是社会主义进步的最大正能量，应该将这种职业操守和高尚行为贯穿在公民教育、课堂教育和政府部门施政决策的每个细节，唯有春风化雨，方能沁人心脾，直达心灵。有网民说，从百万网民在网上为张丽莉老师祈福和捐款，到数以万计的杭州市民自发为吴斌送行，“平民英雄”对人们道德和品行的带动力量是无穷的。也有网民说，“最美”、“平民英雄”贴近民众，易被公众接受和传播，我们这个时代需要更多的“平民英雄”来带动和感召更多人。网民为“平民英雄”的事迹感动之余，也更为关注一些现实问题，如英雄的伤病治疗费用、家庭成员的未来生活等，希望有关部门能够给予长期的、持续的援助和关心，真正体现“好人有好报”。

我们在看到“最美人物”层出不穷的同时，应看到在这背后，是深厚的社会基础在支撑着这些美好的行为。这就是中华民族的传统美德和中华民族的优秀传家宝——代代相传的善良厚道的品德，它深藏在我们民族每个普通人的心底，溶解于老百姓的血液中。

2012年4月6日傍晚，在山东烟台北关大街鱼鸟桥河东边的十字路口，一个叫张继锁的农民工拣到一个皮包。他没打开，没想看，也没想别的，就觉得失主一定挺着急的，所以他就走到十字路口旁边的小花坛，等着。半个多小时过去了，失主也没出现，可张继锁的二姐来电话叫他回家，因为他是从老家菏泽市单县来打工的，住在二姐家。他到了二姐家，把皮包放在床上就干起家务活来。6岁的小外甥好奇地打开皮包，发现里面有一大沓百元钞票。张继锁说：“那个是人家的钱，早晚要归还给人家。”二姐和姐夫一起帮他找失主，可惜皮包里没有名片，没有手机，最终在一份证书里找到一个电话号码，于是与失主孙先生约好即刻见面。孙先生见面第一句话是：“我本来想，你把钱留下，其他的还给我就行。”这时张继锁才知道，皮包里有10万元现金，还有签了字盖了章的支票，共70万元。孙先生给张继锁钱以表示感谢，张继锁就是不要，而且不好意思地说：“哥，我真对不起，你的包我们打开看了。”张继锁回到二姐家，安安稳稳地睡了个觉。他觉得，自己只不过做了两个动作：拣起来，送回去。第二天他挤车去上班，一切如故。而孙先生用一个月时间，终于找到了张继锁。这时张继锁的母亲重病住院，需一大笔钱做手术。老人听说儿子拣了70万元钱又还给失主了，她很欣慰：“人家挣钱也不容易，把钱给人家，不让人家说咱孬！老人的泪不自觉地流了下来。”张继锁说得最多的一句话是：“我真不后悔还回 70 万元钱，真不后悔。”多么可敬的老人，多么憨厚而可钦的青年！最宝贵的是老人的那一颗好心，这种好心是一代一代传承着的，也是我们民族最宝贵的财富。

曾经，在江西一个干部培训基地举办的一场学雷锋报告会上，在报告进行过程中，有一个人没按要求关闭手机，他轻轻地接听电话，尽管小声说话，还是叫大家听见了，引起大家不满，几百人齐转头怒视，叫道：“出去！”接电话的人马上跑出去了。主持人说：“听报告接听电话，这是常发生的事，像今天这样惹起众怒，还是第一次。”这叫人看到了大家对雷锋精神的追求，看到了传承雷锋精神的希望。

像这样的事各地都发生过。越来越多的人感到了雷锋精神的宝贵，感到了传承雷锋精神的必要性，正积极参加到这个宣传实践雷锋精神的行列中。这就是我们国家和民族的希望和福气。

对雷锋精神的执着坚守

老干部说：“传承雷锋精神的整体环境和氛围是很好的。同时还要看到，在全国，已经有一批城市、一大批单位，长期坚持开展学雷锋活动，已创造了成功的经验。辽宁省抚顺市就属于 52 年来长期坚持学雷锋的先进城市，使学雷锋活动在这片土地上薪火相传，经久不衰。有人称其为执着的坚守。”

“咦，怎么有 52 年了呢？为啥抚顺市对雷锋‘情有独钟’呢？”准公务员问。

1960 年 12 月，雷锋还没有牺牲，《抚顺日报》就以整版的篇幅刊登了介绍雷锋成长的长篇通讯《毛主席的好战士》和《雷锋日记摘抄》，这是全国党报第一次宣传雷锋，也就是抚顺市率先开展了学雷锋活动。

凡是到过抚顺的人，几乎都有一种深切的感觉，处处是学雷锋的阵地，人人是学雷锋的实践者，年年都有学雷锋的新成就。抚顺的实践告诉我们，事在人为。1990 年 9 月 30 日，江泽民同志对此给予了高度评价："我们在鞍钢看了孟泰的塑像，到抚顺参观了雷锋纪念馆，出现了孟泰和雷锋这样的人物是辽宁人民的光荣。有一段时间学雷锋放松了，还有些不同的看法，在社会主义的中国一度把雷锋这面旗丢掉了，显然是不对的。你们有个口号，你吹你的冷风，我学我的雷锋。抚顺军民坚持 27 年学雷锋，辽宁省坚持学雷锋也比较好，这是应该肯定的。"江泽民还带领领导干部，向雷锋塑像三鞠躬。

没错，确实可以说抚顺市对雷锋情有独钟！用抚顺人的话说这是雷锋与抚顺的历史约定。1960 年 4 月雷锋随部队到了抚顺执行施工任务，雷锋两年零八个月的军旅生涯，有两年零四个月在抚顺度过。雷锋把对党对人民的爱不遗余力地洒在了抚顺，把抚顺当家乡，把驻地人民当亲人，冒生命危险参加上寺水库的抗洪抢险，节假日不休息去当校外辅导员，或去大官屯和瓢儿屯火车站打扫卫生，为望花区捐款。抚顺人民对雷锋也一往情深，雷锋 21 岁被选为抚顺市第四届人民代表大会代表，他牺牲后，时任抚顺市委书记的沈越同志把预备给老母亲送终的棺木献出来厚葬雷锋。1962 年 8 月 17 日，抚顺人民召开"公祭雷锋大会"，自发走进送葬行列的人民群众有十几万人，当灵车经过市区时，从老人到孩子，无不流泪哭泣，十分感人。抚顺还为雷锋专门修建了陵园，作为英雄的安息地。在 1964 年，抚顺为这位普通战士建设了"雷锋纪念馆"，这在世界上是少有的。从此抚顺与雷锋就有了历史之约：厚爱雷锋，善待雷锋，把雷锋没做完的事做完。每年 3 月 5 日、清明节、8 月 15 日、12 月 18 日（雷锋的生日）抚顺人民都要在雷锋墓前举行纪念活动。现在，抚顺人说起雷锋事迹如数家珍，唱起雷锋歌曲声情并茂。抚顺人民把雷锋这个儿子留在这片热土上，这是抚顺人长期坚守，持续学雷锋的渊源。的确应该叫做钟爱。

"那抚顺的坚守主要有什么法宝呢？"准公务员接着问。

他们的经验主要是这么几条：一是领导坚定不移的意志，几十年不变；二是有效的活动方式，受到百姓的欢迎；三是有一套随时代不断更新的激励机制，提供保证。

这几条说起来容易，能落实，但是长期坚持不懈地落实，不容易。就说第一条，20 世纪 80 年代，他们提出，“你吹你的冷风，我学我的雷锋”。因为当时社会上出现一股否定雷锋这个典型的逆流。抚顺市委清醒地看到，雷锋精神是个宝贝，决不能丢，一定要坚定不移地坚持学下去。他们说，从老百姓自发为一个普通士兵送行，从百姓们的期盼的眼光里，完全可以了解百姓需要雷锋，城市发展需要雷锋精神。领导班子的决心太重要了。

在抚顺，有很多种活动，其中之一就是一年次的“百姓雷锋”的评比，并每次都举办颁奖大会，通过广播电视的转播，让大家都去了解。会场上那种气氛很感动人。从全市基层评选出来的十名“百姓雷锋”，由主持人宣读精彩的评语，他们的事迹和精神感动着在场的每个人。而颁奖嘉宾是谁呢，不是领导干部，而是雷锋的战友和新时期学雷锋的先进人物。2012 年这一期，雷锋的排长薛三元，雷锋的班长张兴吉，雷锋的战友冷宽、乔安山，给雷锋拍照片最多的摄影家季增，当代雷锋郭明义等相继登台为年度的“百姓雷锋”颁奖。老百姓感到这就是最大的荣耀。每年出一期名为《百姓雷锋》的刊物，广为宣传他们的事迹。抚顺的每个区，也有自己的活动，比如望花区，每年评一次“望花好人”，得到百姓的积极参加响应，很多群众公开宣布“我也要当好人”。

抚顺市的学雷锋志愿者活动也很有特色。他们坚持把志愿者的精神、热情、专长、服务与社会需求有机结合起来，通过制度化的安排而转化为整体力量，形成了由行会、指导中心、工作站、服务队组成的体系，在抚顺市的社会生活中发挥了重要作用。这当中，他们通过创建志愿者网站、建立志愿者 QQ 群、开通招募热线、制作宣传片、免费发行《好人好报》，提升了志愿者的知名度和影响力。持之以恒的志愿者活动，推动全市形成了良好社会风气，使学雷锋成为全市人民的自觉行动，成为青年人的精神追求，成为青年人的时代潮流。

这些活动的效果十分显著。这些活动带来的是社会风气的转变，是人与人关系的融洽，是全体百姓顾大局的行动，是积极向上的改革开放实践，是整个城市的综合实力的提升。在抚顺，有很多感人的故事。在改革开放初期，国有企业转制，作为国有企业非常集中的抚顺，工人们主动为国分忧，转换岗位，自谋出路。因为有了雷锋精神，抚顺煤炭资源虽然枯竭了，但人们的精神头儿从未枯竭。全市人民同舟共济、艰苦创业、拼搏进取，解决了国有企业转制、棚户区改造等老大难问题，摆脱了沉重的历史包袱，还清了大量历史欠账，快速建设了沈抚新城、石化新城，使抚顺这个老工业基地焕发了生机，驶入发展的快车道。

在抚顺有一批下岗的老工人，他们都是志愿人员，他们说："虽然我们不富裕，但我们还要去帮助更困难的人。"他们把邻居、同事的困难当做自己的困难，真是同甘共苦，共渡难关，共享欢乐。他们高尚的思想境界令人钦佩。

抚顺的各级领导干部有这样一种意识：领导干部，一方面要以身作则，自己做个好党员、好干部；另一方面更重要的是让大家都来学习雷锋的精神，做雷锋式的好人。改变社会风气，光喊叫人家干不行，要敢于喊"跟我来"和"向我看齐"。这样，老百姓才信服，才能真正被发动起来，心气才顺，风气才正。

抚顺市还有一条，就是在百姓都学雷锋的时候，领导超前想到了保障机制问题。一位区委书记说，不能叫学雷锋的人吃亏，不能叫学雷锋的人受穷，不能叫助人的人无助，不能叫流血的英雄再流泪。他们在政策上出台规定，起到了这种保障作用。使先进人物暖在心里，使全市人民看到希望。

抚顺人说，学雷锋活动作为一项崇高事业是大有希望的。

在研究学雷锋活动常态化时，曾任抚顺市委书记的刘强同志提出：一是理论研究放在首位，一以贯之地加强理论引导，使活动始终保持正确方向；二是坚持不懈地发动群众参与，使活动有深厚而广泛的基础；三是顺应时代需要选树典型，使活动有旗帜和标杆；四是与时俱进地创新举措，使活动充满活力。他们的目标很明确，就是让雷锋成为城市的标志，让学雷锋成为每个市民的行为习惯，让外地人从每个抚顺人身上看到雷锋的影子，使整座城市更和谐、更文明，生活在这里的人更幸福。

“实际上不只是抚顺市，全国有很多城市、很多单位或部门，都在坚持不懈地开展学雷锋活动，并收到了实实在在的成效。这些地方或单位之所以能够取得成效，靠的是‘四个要’。”中年人说道。

“哪‘四个要’?”大家问。

“要眼睛向着群众，要实实在在地抓，要有机制保证，要有创新的载体。”

眼睛向着群众，就是活动的目的是为群众办实事，要群众得到教育、得到实惠，而不是为上级看，为争得上级领导的赞许。一定要从这个目的出发去设计、筹划活动，这样才能做到付诸实施的一切措施都能落实到人民群众中去，才能使雷锋精神在人民群众中扎根、开花、结果。这里就有一个前提：领导干部要像雷锋那样爱社会、爱他人、爱人民。不然就只能是为上不为下了。检验的标准只有一个，就是群众满意不满意，而不是在领导机关那里有没有位置。这就要一心琢磨干实事，而不是一心琢磨人。

要实实在在地抓，就是言必行，行必果，像雷锋那样，言行一致，说到做到。如果只说不做，或者是说一套做一套，那样你就是说上一万遍，也不能入人心、入行动，而且会造成逆反心理，做“夹生饭”。要淡化外在形式，强化内在精、气、神。要看对雷锋精神是否真学、真知、真用。

要有机制保证，就是要像抚顺市那样，在各方面都关注学雷锋活动，关注学雷锋活动的积极分子，为他们撑腰，支持他们的正当要求，为他们排忧解难，从这一点上说，没有哪一个行业与学雷锋活动没有关系。现在社会上有一种很不好的风气，就是比出身、比后台、比关系，使年轻人也很快地学会了“拼爹”，长此以往，年轻人就会忽视了雷锋那种重实践、重善为、重乐业的精神，把先天给定的血统、出身、背景、身份等视为人生的依靠，而不是踏踏实实地去奋斗，只能是“等、靠、要”，社会将逐渐形成颓废的气氛，民族将逐渐衰败，如清王朝的八旗纨绔子弟，“三世而斩”。这就要求当今的各级领导班子和组织人事部门都要在用人上发挥正确引导作用，体现出来鼓励什么，提倡什么。如何用人是一个社会重要的导向。要使爱岗敬业、乐业奉献、善为助人的精神有存在的土壤和空间，在用人和分配制度上给能干事又肯干事的人留有土壤和空间。要知道，在重关系轻实干、老实人吃亏的社会里，人们就越来越不信奉雷锋精神；而在重能力重实干的社会里，人们会越来越信奉做老实人，做老实事，无私奉献。

要有创新的载体，就是要有行之有效的活动方式，在方法上要及时更新，以满足新形势、新任务的要求，不能一成不变。辽宁石油化工大学半个世纪坚持用雷锋精神育人，四个历史阶段中都有不同的内涵和形式。进入新时期，他们提炼出雷锋的“五个一精神”，就是“一颗钉的爱岗敬业精神”、“一滴水的团结协作精神”、“一团火的无私奉献精神”、“一块砖的普通劳动者精神”、“一片叶的感恩反哺精神”。使雷锋精神更具体、更形象，更符合年轻人的心理。为了深入开展学雷锋活动，辽宁石油化工大学成立了“学雷锋示范班”，十五年来，这个班走出的学生个个都是“抢手的”人才。学校还在雷锋曾擦汽车的地点建了一个学雷锋的景点。让雷锋精神走进课堂、进教材、进头脑，《雷锋精神概论》已成为大学生的必修课程，成为省级精品课程。石油化工大学还精心拍制了电视专题片《传承》和《雷锋鲜为人知的故事》。

在浙江省德清县，专门有一个“草根奖”，而且有奖项 32 个，这些奖项都是普通人自掏腰包来奖励践行高尚道德的普通人的。第一个建立起来的是“草根道德奖”，其来历是 1996 年太平村村民马福建看到村里“敬老不足，爱幼有余”，决定拿出 1 万元钱，在村里设个“孝敬父母奖”，党支部和村委会全力支持。办法是由村民小组推荐候选人，再在村民代表大会上采用无记名投票的方式，选出两对夫妻为得奖“孝子”。这个奖一设立，可以说是一石激起千层浪，很快地有很多人开始仿效，普通老百姓纷纷设奖，内容包括孝敬父母、环境保护、助人为乐、见义勇为、外来人员风尚、残疾人励志等方面。奖品大多是几百元钱或者仅仅是一点土特产品，可群众看重的并不是这个奖品，而是崇尚为人敬佩的那种荣誉感。在这种情况下，党委和政府并不是无所作为，而是大力宣传并加以规范和提升，使之能长期坚持，越办越好。在政府倡导下，德清县成立了民间设奖协会，有了章程，有了设奖的操作规程。这种自下而上的设奖行为，这样的道德建设路径，激发出了更多的普通人内心潜在的道德力量。有一名叫蒋引娣的妇女，1996 年做生意，借了 24 万多元钱，她把所有债务一笔一笔地记在香烟盒上，养猪还债，10 年还完了所有的债之后，她把积攒了一年的 5000 元钱拿到镇政府，让他们帮助把钱捐掉。镇里问，是否要设个奖？蒋引娣说：“一个孩子 200 元也够 25 个孩子买新衣服开开心心过个年了，具体怎样，你们来办。”镇里说，真要设个奖，就要年年延续。蒋引娣说：“我坚持到老。”就这样，一个两年一次的“诚信市民奖”诞生了。

人民群众内心的道德基础、人民的聪明才智，这是我们的希望所在呀！

领导干部带头

老干部说：“我们的党是大有希望的，希望就在党坚持全心全意为人民服务的宗旨，就在党员领导干部带头学雷锋。”

中年干部说：“领导干部是一面旗帜，教育者首先要受教育，管理者首先要率先垂范。只要领导干部都这样做，我们伟大的中华民族就是大有希望的。”

从根本上讲，我们国家的希望在于执政党的睿智和远见。十七届六中全会的决定体现了中央领导集体对两个文明一起抓的坚定决心。胡锦涛总书记对郭明义、杨善洲的事迹批示指明了新时期学雷锋的方向。全国各级党委都在抓紧部署，关于学习雷锋活动常态化的机制正在逐步完善。

我们的希望还在于学雷锋活动常态化已有了重要保证。比如把学雷锋活动纳入党委主要议事日程；建立必要的机制，保证常态化；列入领导干部考核绩效重要内容；注重实效，开展多样活动；发挥媒体的宣传激励作用等。

我们的希望还在于领导干部重视以实际行动作表率。党员干部和全体公务员决心要把雷锋精神作为信仰，当做“东方圣经”来激励和约束自己；要求群众做到的，领导干部首先要做到做好，当助人为乐的带头人；领导干部学雷锋重在立足自己职务岗位，一切为人民利益用好权，而不满足于上街打扫卫生做好事；宣传雷锋精神，培养雷锋式的人才是各级党组织和领导干部的神圣责任，要像张兴玉、韩万金那样培养人。

我们的希望还在于有广大人民群众的积极性、主动性。五十年来众多单位执着地坚持学雷锋，积累了丰富经验；众多领导和学者对新时期学雷锋时代价值已有较深入的讨索；众多学雷锋社团组织发挥了积极作用；成千上万先进人物起到典型引路作用，远学雷锋，近学先进，起到很好示范作用。在这种情况下，领导干部就要更深一步去为学习雷锋活动着想，建立起一套激励和保障机制，使学习活动能长期坚持下去，保护群众的热情和积极性。例如，对见义勇为的保护，就应实行“国家买单”。在实践过程中，在见义勇为的行为中，不可避免地有种种过失行为，在那样的危急时刻，实行完美救助而无一点伤害的情形是很少见的。国家要为见义勇为者撑腰，不仅要对他们的高尚品德予以物质奖励和精神奖励，还需要对他们在救助中产生的伤害和造成的损失给予托底买单。一段时间以来，出现的道德滑坡、人心冷漠，其中一个原因就是，一些见义勇为者的权益得不到保障，让人们有“做好事有风险”的感觉。一位 16 岁的女孩为救 1 岁的女童，自己的腿被车碾压。在事故责任认定时，被确定为这个女孩在救女童过程中实施了妨碍交通安全的行为，对自己的受伤，本人应承担 25％的责任。对此，很多人表示了不同意见，甚至愤怒。若如此，是否会对人们见义勇为的热情有消极影响？在对见义勇为者行为进行责任确认的基础上，应研究由谁来买单。只有国家买单，才能保护助人为乐行善的初衷，更好地扭转社会的风气，使美好的道德风尚蔚然成风。

2012 年 7 月 1 日《人民日报》发表的题为“肩负人民期望，引领社会进步”的社论中指出，我们党正处于在发展的关键时刻，站在新的历史起点上。从重视“四大考验”到防范“四大危险”，从强调先进性、纯洁性，到争先创优建设学习型党组织；从坚持健全民主集中制到推进党风廉政建设和反腐斗争，党正以更加奋发有为姿态，推动党建的伟大工程。

我们党现在正处在重要节点。经济、政治、文化、社会、生态建设“五位一体”现代化格局初步形成，经济总量跃居世界第二。国家实力前所未有的增强，社会民主前所未有的改善，中国前所未有的辉煌，我们党不愧为伟大光荣正确的党，不愧为全中国人民的核心力量。

人民的信赖和拥护，永远是执政党开拓奋进的根本动力。共产党是为民族、为人民谋利益的政党，它本身决无私利可图。

老师说：“学习雷锋活动的阻力，有时也来自我们的宣传方式不对。”

中年干部说：“对，学雷锋一定要避免政治化、运动化，要保持常态化。不能随着政治的需要而随意演绎。比如强调节约时，曾宣传雷锋是艰苦朴素的典型；搞市场经济时，说雷锋有皮夹克和英纳格手表，是高消费典型，等等。这样的宣传只能让更多的人误解雷锋，产生越来越多的质疑。最终，事与愿违，其结果绝不是我们希望看到的。”

改变工作作风，密切联系群众，是党中央的新风气的体现。王蒙同志说过，官当到一定程度，知道真实情况，很难。一位领导到一个省会城市要看看当地的菜市，当然用意是视察“菜篮子”情况，关心老百姓的生活。当地菜市场临时改了菜价，搞得物美价廉，领导同志很满意。领导同志前脚一走，菜价立马翻了一番。一位领导要到某地看文化产业，就有地方领导安排，协助某公司从深圳运来了人和物，专供领导视察，使领导得出此企业的运营与深圳那边一样水平的印象。甚至有人用这样的暗语：中央来的，叫首长；本省的，叫领导；厅局级干部，叫同志们；准备好了被接见的人们，叫群众；基层干部，叫孙子。他们的头头指示：明天 9 点领导陪首长过来，同志们站在两边，群众要热烈鼓掌，孙子们千万不要往前挤。一位领导去国外访问，有一项安排是，到该国一位伟大诗人哈菲兹的陵墓参观。当地有一个风俗，到该陵园后，拿出哈菲兹的精装诗集，任意翻开一页，指出一句话，可以用此方式，从该诗句的含义中占卜吉凶。我们外交代表机构的专门翻译得到随访的工作人员的指示：不论领导指的是哪一行诗句，只准译成“心想事成，健康长寿”。我们应立刻摒弃这些“规则”，一切磨平抹光哄领导高兴的办法，是把领导往脱离群众、脱离实际的路上走；而领导只有真正地知情，才能正确的决策。哄着领导高兴，那不是功劳，是罪过！

近期党中央的一系列英明决策和在全党开展的一系列活动，使人们进一步看到了希望。很多人说，如果中央持续这样抓下去，我们的党和党员队伍是大有希望的。这里说的就是创先争优活动。

按照党的十七大和十七届四中全会部署，从 2010 年 4 月起，在全国党的组织和全体党员中深入开展了以学习践行科学发展观为主题的创先争优活动，共有 400 多万个党组织和 8000 多万名党员参加，取得了显著成绩。这项活动的特点是与广泛开展的学雷锋活动紧密结合，与中心任务和本职工作紧密结合，实现了创先争优的岗位化、日常化、社会化。在做法上讲，这次活动把科学发展观作为指导，把为民服务作为公开承诺，把依靠群众作为活动动力。面对面、下基层是这次活动的最大亮点，全国都知晓的“走转改”活动（走基层、转作风、改文风）就是新闻宣传战线创先争优活动的重要抓手，使广大基层群众感受到了一股清新的空气，看到了我们党传统作风的回归。在这次活动中出版的《做最好的共产党员》一书引起广大干部的关注，推出的郭明义、杨善洲、李林森、文建明、彭秀英等典型人物，在全国引起强烈反响。这次活动收获很大，不但推动了科学发展，推动了中心工作的顺利开展，促进党和政府惠民政策的落实，兴办了一大批利民惠民的实事好事，促进了社会和谐，为众多群众排忧解难，化解了许多矛盾，而且引领了社会风尚。广大党员干部模范践行社会主义核心价值体系，把共产党人的精神、道德、作风融入了岗位工作和社会实践，带动了全社会弘扬新风正气、追求高尚道德、提升文明素养。

辽宁省在创先争优活动中，以雷锋精神引领创先争优，19 万名党员带动群众成立了“郭明义爱心团队”7300 多个。贵州省在创先争优活动中，党员带头开展争当“诚信农民”的活动，635 户被评为“诚信农民”。各省份都有开展类似的创先争优活动。全国纪检监察干部在“做党的忠诚卫士、当群众的贴心人”主题实践活动中，结合学习雷锋的“对待同志像春天般的温暖，对待工作像夏天一样火热，对待个人主义像秋风扫落叶一样，对待敌人像严冬一样残酷无情”，提出了“四个对”的要求，即对党和国家无限忠诚、对腐败分子和消极腐败现象坚决斗争、对广大干部和群众关心爱护、对自己和亲属严格要求，集中体现了党和人民群众对纪检监察机关的要求和期望。在这次实践中，党员干部的作风发生了很大变化。变“群众上门”为“访群众家门”，架起了理应长期存在的党群、干群“连心桥”，恢复了党的艰苦奋斗、实事求是传统作风，营造了积极向上、奋发有为的浓厚氛围，受到社会广泛欢迎。

这类活动的开展，其结果，最有价值的，是广大党员干部在活动中明白了一个深刻道理：必须坚持群众满意的价值导向，在人民群众中办实事好事中密切党群干群关系。这就是坚持以人为本，执政为民，实现好、维护好、发展好最广大人民群众的根本利益，是党的一切工作的出发点和落脚点，是保持党同人民群众血肉联系的根本途径。创先争优活动把群众满意作为第一标准，从群众最需要的地方做起，从群众最不满意的地方改起，解决了一批事关群众切身利益的实际问题，提升了服务群众水平，增强了服务群众效果，受到了群众普遍欢迎，进一步密切了党群关系、干群关系。人民群众欢迎和希望这种活动能成为党员领导干部的常态工作方式。

人民群众期望的理想状态是，领导干部一心为人民谋福利、各种制度保证领导干部远离腐败现象、社会风尚温暖如春。最近，《特区青年报》上报道了“一个‘从乱到治’村庄的秘密”，向我们展示了一个典型示范，值得注意推而广之。这个典型虽然还不是十分理想，但在现存社会机体上总算走出了一条路，往前发展，会是大有前途的。

现在被称为秀山县“第一村”的石门村，在锰矿效益最好的 2005 年，矿口被村民强行堵住了。经多方调解无效，一年两千多万元的利润化为泡影。村干部说，1989 年建成的锰矿厂，是 5 个村干部出资承包的，收入应归他们。村民说，锰矿厂的启动资金是来自村里的集体资产，锰矿厂的收益应“利益均沾”。矿厂是一笔“糊涂账”，说起石门村，县里领导个个摇头。

2006 年换届选举，在外经商的胡勇在差额选举中高票当选为石门村新任村支部书记。上任伊始，新班子认真负责地调研。在调查中发现，村干部利用锰矿利润买了车，买了房，而村里基本上还是保持 20 年前的老样子，肩挑背磨，挑水做饭，小学破烂，教室要和村委会“拼房上课”。

在新一届党员代表大会上，新一届领导郑重承诺：新领导不在企业任职，否则立即“下课”，锰矿年利润的 40%用作再生产，其余 60%用于村里的公共事业发展。

于是，村民解除了对锰矿口的围堵。锰矿厂重新运转了，其利润也逐渐地投入到了村里基础设施建设上来了。首先搞“民心工程”，治理常常泛滥成灾的革里河，在治理中打破了“常规”，请村民选出代表组成监督组，管账、清点建材，村干部只负责监督工程质量。从此，村里的所有工程都采用这个运作模式。干部不沾工程资金和材料的边，再没有人怀疑村干部“揩油”了。

从 2008 年到 2011 年，除了基础设施建设，剩余的钱并没有平分给村民，却得到村民的一致好评：修了五保家园，解决了孤寡老人的养老问题；建成了村幼儿园、小学和教师宿舍，吸引了大学生来任教；给 80 岁以上的村民每月发“零花钱”；考上大学的学生，村里奖励 6000 元，考上重点高中的学生，村里奖励 1000 元。

这个村子的变化，源于制度的变化，源于领导干部的“变心”，源于老百姓的参与和支持。其制度是人建立起来的，所以核心问题是党员干部一心为老百姓谋利益。为了老百姓，才建立了回避制度；为了老百姓的利益，才请群众来监督；为了老百姓的利益，才把钱投入到公共设施建设，而没有简单迎合“群众要求”。

这是一种清新，是一种希望。

最近，中共中央政治局专门提出了八项规定，就是为了促进领导干部改变作风，密切联系群众，受到了全党全国的一致好评。

第一条，要改进调查研究，到基层调研要深入了解真实情况，总结经验、研究问题、解决困难、指导工作，向群众学习、向实践学习，多同群众座谈，多同干部谈心，多商量讨论，多解剖典型，多到困难和矛盾集中、群众意见多的地方去，切忌走过场、搞形式主义；要轻车简从、减少陪同、减少接待，不张贴标语横幅，不安排群众迎送，不铺设迎宾地毯，不摆放花草，不安排宴请。

比比这条规定，那些费尽心机、想方设法，弄虚作假来迎送领导的，是否有点脸热了。

第二条，要精简会议活动，切实改进会风，严格控制以中央名义召开的各类全国性会议和举行的重大活动，不开泛泛部署工作和提要求的会，未经中央批准一律不出席各类剪彩、奠基活动和庆祝会、纪念会、表彰会、博览会、研讨会及各类论坛，提高会议实效，开短会、讲短话，力戒空话、套话。

比比这一条，称“领导就是开会”的人，逢会必讲，讲话空洞无物的干部，该好好想想了。

第三条，要精简文件简报，切实改进文风，没有实质内容、可发可不发的文件、简报一律不发。

第四条，要规范出访活动，从外交工作大局需要出发合理安排出访活动，严格控制出访随行人员，严格按照规定乘坐交通工具，一般不安排中资机构、华侨华人、留学生代表等到机场迎送。

第五条，要改进警卫工作，坚持有利于联系群众的原则，减少交通管制，一般情况下不得封路、不清场闭馆。

第六条，要改进新闻报道，中央政治局同志出席会议和活动应根据工作需要、新闻价值、社会效果决定是否报道，进一步压缩报道的数量、字数、时长。

第七条，要严格文稿发表，除中央统一安排外，个人不公开出版著作、讲话单行本，不发贺信、贺电，不题词、题字。

第八条，要厉行勤俭节约，严格遵守廉洁从政有关规定，严格执行住房、车辆配备等有关工作和生活待遇的规定。

中共中央政治局专门指出，改进工作作风，密切联系群众，关系党和人民事业的成败。

可见，中央已经非常重视联系群众这个大问题了。这一条条的规定，是对中央领导同志的自我要求、自我约束，也是对全党全国各级领导干部的要求和示范带动。

媒体普遍关注中共中央政治局的这八条规定，并认为这八条规定有三个显著特点：一是针对性，是对近年来群众不满意的现象采取的改进措施，所以受到老百姓的普遍欢迎；二是可操作性，规定很具体，很细致，一看就知道怎么办，不能怎么办，而不是可任意曲解的；三是自我约束性，是对政治局委员的规定，就是要从中央高层做起，使下级能够学习效仿。

人们注意到，在这八条发布之前，11 月 29 日，中央政治局常委到国家博物馆参观《复兴之路》展览时，就没有像以往那样清路戒严封路，而是像普通车辆一样开到国家博物馆。《复兴之路》展览的负责人欧阳淞说，这虽然是是一个小细节，但反映了新一届党中央集体良好的亲民作风。外媒称，这是一次小小的革命。表示了这个承诺是要切切实实地落实的。

在中央领导的带动下，地方的改变作风、联系群众，也正在出现可喜的局面。这一点，人民群众都是有目共睹的。

同时也应看到，地方的改革又遇到了新的挑战。需要上下一致，整体互动，才能取得成效。例如，一些鼓励基层改革创新的政策、制度和措施，得不到上级的支持而不能持续下去；一些取得成绩的改革在其他地方受到了抵制和排斥；一些富有改革精神的基层领导干部受到了不公正的待遇。这些都严重挫伤了地方的改革积极性。这些是什么原因呢?

一言以蔽之，改革触犯了某些群体的既得利益。就是这么个人人皆知的老大难问题。

实际上，改革的各项成功，都是地方和基层的创造发明。而这些成功的东西还没有上升为国家行为，没有形成制度。如果在全国范围内普遍推广，将大大有利于增强党的执政能力。

近年来，公务员的变化是最喜人的。这个变化开始于政府的职能转变的决心。我们党已经把政府自身的改革放在了十分重要的位置，转变政府职能的思路更加清晰了，并且已取得了明显的成效。这是一场自觉的自我改革，一次走向自我完善的进步，它必将激发起社会进步的活力。一是依法行政。民主法制社会的建立，就是要从“个人意志”走向“法治权威”。2003 年以来，人大常委会共制定法规 246 件。以前是“大盖帽，满街跑，这个罚完那个到。”现在要严格禁止“顶格罚款”、“收水养鱼”等行为。以前是“红头文件”过多、过滥，文件打架，现在要规范化行文，不准擅自发出文件。以前是遇到纠纷，“信访不信法”，现在要求各级政府各司其职，行政权力得到有效约束。走向法治，已成共识。一个以为民谋福利的政府就必须依法行政、有法必依、执法必严、违法必究。二是简政放权。“无为而治”是现代社会所倡导的管理理念，也是中国古代的重要思想。老子说，圣人辅万物之自然，而不敢为也。就是说，圣人只会按合乎自然的原则行事，而不会胡作非为。无为的精神实质，一则按自然法则和社会法则办事，二则反对不应有的作为或胡作非为。无为的真精神，不是不干事，而是善其所为。清静无为是以民为本之为，是按客观规律行事之为，是内圣外王的善政之为。有道的治国者不应以自己的意志、自己的欲望作为施政的出发点，而应以人民的意志、人民的利益作为施政的最高原则。10 年间，国务院共取消和调整行政审批权事项 2183 项，占总数的 60.6%。明确政府职能定位，重心下移，关口前移，积极主动下放权力，为社会又快又好地发展提供保障，不仅是提供基础设施和公共产品，更要提供制度、规则和政策等无形产品。政府自我革命，纠正错位、越位和缺位，才能激发活力。现在全国共设行政服务中心 1912 个，实现了一站式服务。三是公开透明。2011 年 4 月 24 日，科技部率先公布“三公”经费预算，此后，中央各部委纷纷效仿，现在能够“晒账单”的已有上百个部委了。公开透明，让权力在阳光下运行，是现代政府的重要特征。2008 年，政府信息公开条例实施，政府信息公开走上了法制化、常态化的轨道。越来越多的老百姓感到了变化：过去对政府行为，我们是“聋子”和“瞎子”，现在是建言有路，全面参与。开听证会、在微博上征求意见的，越来越多了。政府的一切活动，应是老百姓关心的焦点；老百姓的一切诉求，应是政府决策的重点。以人为本，加快建设服务型政府，中国正在进行一场新的革命。

年轻的老师说：“学雷锋不能搞一阵风，三月来四月走，走过场，一场空，要常态化。还有学雷锋不能搞政治运动，不能为宣传需要而把雷锋精神搞成‘变形金刚’。”

几个人同时会声地笑了。

老干部摊了摊手：“雷锋也就是个普通的小伙子，不是小孩子们玩的变形金刚，我们让他变啥就变啥，是不？”

此话一出，又引起车厢里一片笑声，气氛一下子轻松了很多。

是啊，对雷锋的宣传，曾被冠以各种名堂，群众是很反感的，搞得很庸俗，甚至于歪曲了雷锋的形象。现在大家都明白了，雷锋是平凡中的伟大，人人都可以学习，人人都要努力才能学到。关键是要真知雷锋，真爱雷锋，才能真学雷锋，真做雷锋。

通过学雷锋，弘扬雷锋精神，我们要建立一个和谐社会。同时，我们还要让雷锋精神成为全民族的精神力量，成为民族之魂。

党的十八大关于道德建设的论述，已经引起了社会广泛的共鸣。“深化群众性精神文明创建活动，广泛开展志愿服务，推动学雷锋活动、学习宣传道德模范常态化。”充分反映了人民群众对弘扬真善美的迫切需要，是党中央的积极回应和引导。人们已经注意到，十八大报告已经把道德建设提升到社会主义建设重要组成部分的高度，并提出了一系列要求。社会主义建设的目的是什么？是实现“中国梦”，使人民群众享有更加丰富的物质生活和精神生活。中华民族的伟大复兴，是中国共产党和人民群众的共同梦想，要实现它，必须是“五位一体”，科学发展。

学雷锋，加强社会主义道德建设，必须从我做起。每一位公民都是积极的参与者，而不是旁观者；都是维护者，而不只是享受者；都应该成为道德建设的行动者，而不只是批评家。只要我们都参加了，都行动起来了，我们的民族复兴就大有希望，我们的中国梦就一定会实现！

第九章

民族之魂

雷锋

一个真正为崇高信仰而奋斗的人，他的生命必定忠诚而无畏；一个奉献并快乐着的人，他的生命必定纯粹而幸福；一个活得坦荡而真实的人，他的生命必定洁净而透明；一个脱离了低级趣味的人，他的生命必定质朴而伟大。

准公务员问："如果雷锋活在当下，会为利益所动吗?"

中年干部说："不会，因为雷锋有坚定的信仰。"

"是啊，信仰就是灵魂，就是长期起作用的力量。罗曼·罗兰说过：'最可怕的敌人，就是没有坚强的信念。'"老干部肯定地回答。"中国共产党的理想信念是其奋进的动力，是队伍的凝聚力，是对人民群众的吸引力和向心力，也是党员言行的约束力。一个民族没有信仰，一盘散沙；一个人没有信仰，没有魂魄，没有人生的力量。最近，中央领导同志几次强调了这个问题。中国革命的伟大实践已经向全世界宣示：中国共产党人，是有着坚定信仰的先锋队战士；十三亿中国人，是有着坚定信仰的伟大民族。"

习近平同志在阐述党的先进性、纯洁性时，又提出了信念和信仰问题。习近平指出："革命战争年代，无数共产党人为了革命的成功，南征北战，流血牺牲，靠的正是坚定正确的政治信仰。和平建设时期，无数共产党人为了社会主义事业，艰苦奋斗，无私奉献，靠的还是坚定正确的政治信仰。改革开放以来，无数共产党员为了国家的富强和民族振兴，顽强拼搏，勇往直前，靠的仍然是坚定正确的政治信仰。信仰的力量是无穷的。信仰纯洁是共产党人最根本的纯洁。现在，有些党员和党的领导干部在市场经济大潮中晕晕乎乎、头脑发热，不能正确认识价值问题，不能正确对待个人利益，导致精神支柱坍塌、人生方向迷失，有的甚至守不住党纪国法的底线，最终腐化堕落，教训是极其深刻的。"

精神世界的存在意义

老干部说："我想提出这样一个命题：现实的生活中需要怎样的精

神世界。不知道你们有没有兴趣讨论一下？”

准公务员首先响应：“当然好了，我经常遇到这方面的难题，正好听听你们的想法，肯定对我有启发。”

中年干部说：“这个问题不是我们愿不愿意，或有没有兴趣的问题，而是个十分现实的问题，也是个十分重要的问题。很多烦恼和痛苦实际上都源自这里。”

“我先讲三个小故事吧。”老干部说。

第一个故事，是美国著名作家斯蒂芬·金讲的。他写过《肖申克的救赎》。他有一个“小桌子理论”：写作的时候，只需要一张小桌子，一平方米左右，学生桌模样。一盏台灯足以照亮桌面，上面摆放着稿纸或者电脑，再无其他。在他的作品登上美国图书排行榜多年之后，在朋友的劝说下，他也曾试图给自己换一张大桌子，胡桃木材质，让人看上去像个成功人士。但是不久之后，他就放弃了。因为他在这张桌子旁灵感全无，注意力经常被桌子上的小东西吸引住。从此，他就只用小书桌写作，并与别人交流过多次“小桌子写作心得”。他告诉年轻的作家，写作时一定要在一间小屋子里，把门关上，你的灵感之门才能充分打开。我们的生活中，这类情况比比皆是。我们总是试图拥有更多，却很少考虑，这样就满足需要了吗？就幸福了吗？对于普通人，一部高档手机，70%的功能从来就没有用过；一款高档的轿车，70%的速度是多余的；一栋豪华的别墅，70%的房间是空的。我们可以把自己的身份放低一点，把要求放低一点，把空间缩小一点，配置放低一点。这应成为正在创业的年轻人的生活态度。告诉自己，不勉强、不逞强，能够掌控好自己的生活，这才是幸福的人生。说句笑话，费尽心思得来的高配人生，满足的只是欲望的大嘴，有时只是满足一阵子的虚荣心的需要，为了在别人面前炫耀，或是赶时髦的需要，赶上了就算完了，而不是幸福的必需品。在那些不用的功能和空间里，有很多哀怨的灵魂在那里天天发着无尽的牢骚，需要你去逐个地去抚慰和安慰，需要你花费多少心神去惦记。当然，提倡低配人生，并不是叫你压缩生存空间，降低生活标准，而是在这个充满选择的世界里，在欲望不断扩张的环境下，学会辨别和放弃。这就是“舍得”，有“舍”才能有“得”。你本身究竟有什么价值，不是看外在的摆设，而是看你有什么样的内涵。有一位心理学家做了一个试验，他举起一张500卢布的纸币，问在场的人，谁想要这张纸币，200多名在场的听众都举起了手。他说，你得到这张纸币前，我要做点事，说着他把纸币揉成一个团儿，又问，现在谁还想要这张纸币？众人又都举起来了手。接着，他又把纸币扔到地上，还踩了几脚，纸币又皱又脏了。他说：“大家看，这张纸币已经这副模样了，你们现在谁还想要啊？”人群中依然有人举起了手。心理学家说：“亲爱的朋友们，我们上了一堂非常有意义的课，不管我把这张纸币弄成什么样子，你们还是想得到他，因为不管它变成什么样了，都没有失去自身的价值，他还是一张面值500卢布的纸币。”年轻的公务员们，你在人生的道路上不可能一帆风顺，有时被抛弃了，才华被埋没了，不要感到一无是处，一无所有，一钱不值了，其实，你永远都不会失去自身的价值，就像这张纸币，对喜欢你的人来说，你还是无价之宝。我们年轻的公务员的自身价值，不随你惊天动地而变化，也不随你结识了达官显贵而变化，而是由你是个什么样的人来决定，你是不可代替的，每一个人都是独一无二的。

第二个故事是金一南讲的，他一次路过巴黎，专门去了一趟拉雪兹神父公墓。大使听他要去那里，先是一惊：当今的中国人，来巴黎，就是看卢浮宫的蒙娜丽莎，到老佛爷买路易·威登的手提包，谁还去那个地方啊！所以连使馆的司机都不熟悉去公墓的路线。大家都知道，拉雪兹神父公墓是世界上最著名的公墓之一，还有一段“巴黎公社社员墙”，巴黎公社最后147名社员就在这里被枪杀，这里安葬了《国际歌》的词作者欧仁·鲍狄埃等等。我们每天讲的“人民公仆”就出自巴黎公社，我们经常唱的《国际歌》就诞生于公社社员血洒拉雪兹神父公墓的第二天。可今天，我们中国人却有谁去过那个地方？另外，可以说瑞士伯尔尼的爱因斯坦故居，连中文解说词都没设置，因为很少有中国人来这里。只去同一条街的手表店，这里挤满了黄皮肤的中国人。这里值得我们深思。

第三个故事，前不久看到报刊上的一条报道，是一位年轻女子说“宁愿坐在宝马里哭，不愿坐在自行车后面笑。”虽然可笑，但这是一句十分有代表性的表露。“这句话是个典型的表达，这一哭，一笑，充分表达了一部分人的精神世界，是畸形的，是可怜的，也是可悲的。当然，现实生活中大多数人并不这么典型，不是那么直接。但是总的看，是有一定数量的人思想上是只重视物质，轻视精神。正所谓“物欲横流”啊。有的人确实是物质富有而精神空虚或精神懈怠。有的富人被人称为“穷得只剩下钱了”。有的人理想信念缺失，是非善恶不分；有的人淡化神圣而迷恋世俗；有的人人际关系冷漠，损人利己；有的人得过且过，虚度年华；有的人言行不一，口是心非。

我们应该承认，雷锋所处的是一个十分注重精神境界的时代，而今天的环境却发生了变化。但是，人类的进步是在物质丰富的基础上，精神世界趋于丰富的过程。精神世界空乏的人生从来不是幸福的人生，这已是不争的事实。党的十七届六中全会强调，丰富人的精神世界，增强人的精神力量，多么及时，多么必要！因为在物质基础上丰富人的精神世界才能提高国民的综合素质，才能提高综合国力。

精神是可以传承的，雷锋身上所具有的大爱、奉献、善为、敬业等，恰好是今天许多人所缺少的，是我们今天非常需要的。一个真正为崇高信仰而奋斗的人，他的生命必定忠诚而无畏；一个奉献并快乐着的人，他的生命必定纯粹而幸福；一个活得坦荡而真实的人，他的生命必定洁净而透明；一个脱离了低级趣味的人，他的生命必定质朴而伟大。

不记得是谁说的了：一个人为了自己活着，是无聊的；为两个人活着，是可悲的；为几个人活着，是自私的；为大多数人活着，才是光荣的。而走向反面的人，正是没有了信仰。有一个犯了罪的领导干部在监狱中感叹：“人的一生有物质的追求，更有精神的追求。纵有良田万顷，日食不过三餐；纵有广厦千间，夜卧不过八尺。而精神的追求却无际无涯。”说他自己是“想得到更多更好的东西，最终连原本属于自己的东西也没了。我是失去了自由才知道自由的价值。人生最大的痛苦莫过于失去自由。革命者为了自由而抛头颅、洒热血，用生命换取自由，而我却为金钱身陷囹圄，失去自由，实在是不值得！人不可能把金钱带入坟墓，但金钱却可以把人带入坟墓。”

当然，信仰是分层次的。共产党员一定要坚定社会主义、共产主义信仰。人民大众呢，不能要求都有共产主义信仰，但也需要有一个共同的信仰，一个具有普世价值的偶像。我们知道，许多西方人也在学雷锋。有人说，雷锋语录，只有圣雄甘地、苏格拉底、林肯才能说出来。雷锋的形象是可以被众多的民众作为崇拜的偶像的。

“人的生命是有限的，可是，为人民服务是无限的，我要把有限的生命，投入到无限的为人民服务之中去。”这短短的一段话，激发起多少哲学家的无尽思索，引起多少志士的无限遐想。“我要永远愉快地多给别人，毫不计较个人得失。”这就是雷锋的理想，这就是雷锋的信仰，这就是雷锋一生的精神追求。

星云大师曾在讲座中说：道德不分新旧，也不分中西，并不是只有我们在讲道德。他说，有规则的是道德，好比汽车有车道，火车有轨道，飞机有航道，一旦偏离则后果不堪设想；能向上的是道德，有道德地人不是弱者，有道德的人做起事来，努力不懈，精益求精，不会有始无终，这种奋发飞扬的态度是道德；能升华的是道德，比方过去做一个小时义工，现在能做两小时，过去布施给人五块钱，现在能给人十块钱，过去和人见面只是点个头，现在不但点头，还会微笑，待人好、人格提升就是道德。他说，在西方国家对青少年的道德培养都很重视，倘若违犯了，就以劳动代替惩罚，这是不错的方式。

雷锋精神的普世价值

老干部说：“我所熟悉的一位企业家，曾经自费专程到美国西点军校考察过，证明了美国军校确实张贴了雷锋的画像，作为当代优秀军人的代表之一。但我认为与其说美国人是学雷锋，不如说是研究雷锋，崇拜雷锋。其中尊重的就是雷锋所具有的忠诚等军人必备的品德，这是各国军人都公认的。”

21世纪，美国一所军校确实研究了雷锋，那是他们在研究中国军队时，挑选了两个对他们来说是不可思议的现象，一个是上甘岭战役现象，一个是雷锋现象。

20世纪50年代的上甘岭战役，在美国人看来，一直是不可思议的。世界上竟有用大炮摧毁不了的一块阵地，用大军攻不破的一道防线，他们也不理解黄继光、邱少云为代表的战士，打到最后一个人、战到最后一滴血不屈服。他们的结论：“中共都是用烈性的酒精麻醉了的疯子”，“也很可能是他们服用了一种特殊药物的作用”真是可笑。

对雷锋，也不可思议，普通之人，平凡之事，竟能在中国产生那么大的轰动效应，影响几代人。不理解以雷锋为代表的解放军战士无私忘我的品格，他们想研究这些战士“吃什么长大的”，“怎么成长为忘我的傻子”。当然，他们很敬佩雷锋的忠诚和敬业精神，因为任何军队都希望它的士兵应具备这些品质。

实际上，上甘岭现象和雷锋现象，是革命战士一种精神的两个方面，是两个侧面的表现，也就是鲁迅先生所说的“横眉冷对千夫指”和“俯首甘为孺子牛”，战争时代表现为上甘岭精神，和平时代表现为雷锋精神。

很多人都认为雷锋理应成为全体中国人民的榜样，雷锋精神应成为全民族共同的精神力量。在锦州银行工作的美国人罗杰斯已经把《雷锋日记》翻译成英文传给了美国的朋友，很多人读了雷锋日记后都很振奋。罗杰斯说：“原来只知道雷锋就是把钱送给困难的人，闲暇时间帮助有困难的人。学习雷锋，很有意义，等自己有了很多钱、等自己退休后有了空闲时间，也要学雷锋，去帮助别人。读了雷锋日记，才知道雷锋的精神是时时刻刻、随时随地都可以表现出来的，我现在就要学雷锋，天天助人为乐，处处为别人着想。”雷锋精神就是一种信仰，一种生活方式，一种精神状态，一种美好的社会氛围。

如果我们整个中华民族，有了雷锋精神作为统一的信仰和向往，用以激励自己、约束自己、规范自己言行，中华民族将会更有力量，更文明，更强大。这就是说，我们民族、我们的国家应该有一种精神，或者叫中国精神、民族精神，它应有普世价值，它可统一全民意识，它可规范全民言行。所谓普世价值，莫言说：“我理解的普世价值没那么复杂，真善美就是普世价值。我们中国人用对待自己父母、自己亲人的那种感觉去对待外国友人，他们也会感觉很好，这就是普世的东西。”他认为，你写出了不仅仅打动你的同胞的作品，而且你的作品被翻译出去以后，能打动外国读者，这样的作品就必然具有普世价值。《雷锋日记》翻译到了外国，已引起外国友人的共鸣，已证明了雷锋精神有普世价值。军人崇尚雷锋的忠诚和敬业，青年崇尚雷锋的奋斗与成功，老人崇尚雷锋的善良与慈爱，人人崇尚雷锋的品德与人格，崇敬雷锋的爱心。雷锋精神应成为中国精神。

要以胜似当年传教士传教的劲头，胜似唐僧取经的坚定，广泛深入学习和传承雷锋精神，真信、真学、真用、真做雷锋那样的人。要形成制度，将雷锋精神送入课堂、编入教材、输入头脑。

雷锋精神之所以能成为具有普世价值的中国精神，还因为雷锋精神多自我检视，而少指责他人。即道德已回归到个体的自我检视，对他人的批判并不叫道德，对自己的行为反省才是道德。雷锋每日写日记，都在检视自己，从自身找出不足，升华自己的精神境界。阮籍不在母亲的丧礼上哭，被人说成不孝，而看到阮籍因痛苦而吐血的只有一个朋友，便把这件事写入《世说新语》里了，他不是没有道德，而是不愿让道德情操变成一种表演。当道德成为一种表演，就是作假，就会变成各种形态的演出，就会让最没有道德的人成为最有道德的人，语言和行为分离。苏格拉底在被判处死刑时，他的学生们要他逃跑，他没有，他认为他的死是经过民主的投票，他必须遵守这样的道德意识，接受这个结局。这才是道德，非现在人人指责别人的不道德。

教师问：“为什么说雷锋精神可以作为中华民族的强大精神动力呢?”

要成为中华民族的精神动力，至少应该具备三个条件，就是科学化、现代化和大众化。科学化就是雷锋精神具备社会主义先进文化的基本属性和巨大魅力，是先进文化的光辉典范和宝贵资源，可以实现文化强国的精神动力。现代化就是雷锋精神具备促进社会和谐、整合社会心理的重要作用和现实功能，可以成为建设文化强国的精神纽带。大众化就是雷锋精神具备使人生价值与现实生活有机统一与高度融合的作用，可以成为推进文化强国建设的思想保证。雷锋精神是不是具备这些条件？在现在的中国，还有哪一个典型人物及其人格魅力能与雷锋相比，有哪一种精神可与雷锋精神相提并论？

没有哪一种精神像雷锋精神那样深入人心，传播那么广泛，影响长久不衰。

因为雷锋精神所体现的价值追求和理想信念，对广大人民群众有强大的吸引力和感召力，可促使我国不同地区、不同民族、不同阶层的社会成员逐步形成共同的信念和共同的价值心理，成为建设共同精神家园的思想基础。例如，雷锋精神所提倡的人文关怀、人间大爱和克己为人、无私奉献的品格，可以感化人心，增进可信，消除心理隔阂，促进大众的情感融合，形成建设共同精神家园的情感纽带；雷锋精神所蕴涵的高尚伦理操守和道德行为模式，是新一代青年人学习和效仿的榜样，是新社会的道德典范，有利于形成广大人民群众立身做人的基本道德标尺，成为建设共同精神家园的道德意识和行为模式基础。这就是雷锋精神能为人民群众所钟爱的原因。

“雷锋精神能为大众欣然接受，还因为雷锋精神体现了中华民族的优秀传统文化，这是五十年的基本结论。”老干部接着说，“雷锋精神所蕴涵的奉献精神和进取精神、热爱人民的坚定立场、不断改造主观世界的自觉追求，与中国传统文化，特别是以老子的《道德经》为代表的古代文明思想相统一，这些也是老子文化的主体精神，雷锋精神中的全心全意为人民服务的思想和老子的民本思想一脉相承，可以说，雷锋精神是我国优秀民族文化的传承，也可以说是中国传统优秀文化与科学社会主义思想体系的有机结合。”

老子的思想应算是中国古代道德的高峰。

第一，老子的伦理学说体系完整，他倡导的善（无私奉献、舍生取义、知足寡欲、淡泊名利、节俭素朴、公平公正、诚实守信、谦虚卑下、礼让不争）、爱（真爱、博爱、无私、无欲、无己之爱）、和（和生万物、和兴万事、友爱相处、以德报怨）包含了德的大义；第二，老子的伦理学说多精华而少糟粕，老子的学说，没有任何与现代社会相抵触的东西，没有君权神授的媚上意识，没有上智下愚的鄙民思想，没有男尊女卑的歧视观点，而是劝君、教民、为善；第三，老子的伦理学说境界高远，它植根于无私与慈爱的大德境界之上，而无私与慈爱是人类最真、最善、最美的情感和道德精神。托尔斯泰说过：“老子的学说，是不同寻常的道德高峰。”这也是2500年历史的结论。

就拿对善的解释来说，老子说“上善若水”。这就是对国家的管理者说的，不是对普通老百姓说的。上善若水，是说善利万物而不争，处众人之所恶，故几于道。是什么意思呢？老子认为，上善的人具有如水一样的品格。水虽然孕育了万物却不要求得到任何好处，只把自己栖息在人类所厌恶、所不愿居住的地方，水的这种品德最接近天道的境界。这样，老子就把奉献的精神、礼让不争的品德引入了道德的概念之中。有着如水一样的德行的治国者，把自己的根基深深地扎在善的土地上，让自己的心灵沐浴在善的海洋之中。他们捍卫美善仁爱的道德准则，弘扬公平、诚信的伦理道德精神。由于他们公正无私，所以能任用善良贤能的人管理国家，让他们充分施展自己的聪明才智，又能在推出重大的施政措施的时候充分考虑天时地利人和的条件，所以总能诸事顺利。正是因为圣人有如水一样的不争之德，不会有因为追逐名利而带来的烦恼，更可以避免在争名夺利中可能招致的凶险，不会因此给老百姓带来灾难。老子所倡导的上善若水的精神，是一曲诗歌，是歌颂水的，是歌颂德的。水的美德有两个，一是利他性，二是不争性。这就是我们今天所说的毫不利己、专门利人的精神，是只讲奉献、不求索取的大爱精神。

又如，老子将慈爱等引入道德之中，他说：“我（天道）恒有三宝，持而宝之：一曰慈；二曰俭；三曰不敢为天下先。”这段话的意思是，“道”永久地拥有三件法宝，并无限地珍爱它。第一件法宝叫慈爱；第二件法宝叫俭约；第三件法宝是在名利权位面前不与人相争。这样，老子就把慈爱、俭约、不争的伦理精神引入了道的概念之中。“天道无亲，常与善人。”即是说，道是最公正、公平的，对人类、对万物没有亲疏厚薄之分，只会对他们给予同等的施益和救助。所以说，老子把公平公正的伦理精神引入了道的概念之中。

在人与自然的关系上，老子在2500年前就提出了与大自然友好相处的环保思想。他主张爱惜天下万物，并发出了破坏自然、浪费自然资源是人类自寻死路的严重警告。这和我们党把坚持节约资源和保护环境上升为基本国策，强调绿色发展、循环发展、低碳发展，提出的把生态文明与经济建设、政治建设、文化建设、社会建设放在并列的位置，实现“五位一体”是一致的。

老子关于物的认识，对今天的领导干部很有启发意义。老子说：“五色令人目盲；五音令人耳聋；五味令人口爽；驰骋攻猎，令人心发狂；难得之货，令人行妨。是以圣人为腹不为目，故去彼取此。”即是说，缤纷的色彩会使人眼花缭乱；烦躁的音调会使人听觉不敏；浓重的五味会令人味觉失灵；驰骋打猎会使人心态失常；奇珍异宝会使人萌生贪念，并引发不轨的行为。所以，有道的治国者只需要食饱腹、衣暖身的简朴生活，而不追求酒色财气、声色犬马的奢靡生活。哲学中有“度”的概念。过度则枉，过度则害。老子认为，色彩、音乐、食品、运动、财物，是每个人都需要的，但是不能过度追求，否则就会伤身害命，甚至危害社会。老子提出的正确对待物质享受的观点，有重大的现实意义。老子还强调，万物生命的变化规律，使人们知道，虚静复命，归根复命的道理，悟出人生的真谛。当我们懂得了生不带来、死不带去的道理后，就更不用说应该自觉地循道而行，胸怀宽广、大公无私地

“为人处事”和“为人处世”了。

雷锋精神是和老子的伦理思想一致的。雷锋精神在五十年的传承中，已形成为一种文化，即雷锋文化，理应在全国得到传承和发扬起来。

中年干部说：“民族精神的大众化也十分重要。先进的文化，要广大群众接受，就必须通过贴近群众的感性形象表现出来，要有效仿的对象。英雄模范就是主流社会借助其诠释和引导社会的载体。雷锋是中华民族传统美德和社会主义核心价值观的集中反映与完美体现，是群众容易接受的效仿对象，是先进文化大众化的理想载体。”

在宣传雷锋精神过程中，曾经有些倾向性的东西。现在看来，对助人为乐的事迹宣传的多，而对雷锋立足于本职工作做出的成绩宣传的少；对雷锋在军营外所做的好事宣传的多，而对雷锋在军营内做的好事宣传的少；对雷锋为人民群众所做的好事宣传的多，而对雷锋为战友们做的好事宣传的少。雷锋是在多方面都很优秀的青年，他的爱国情感，他的责任感和使命意识，他的敬业精神，他的勤俭节约的精神，他的与人为善的品格，应该是每一个公民都有的品德。

一个民族要有一种公认的精神力量来支撑人们的心灵，每个公民都要有一种精神力量来引领人生。这对每一个公民到十分重要，我们何不将雷锋精神倡导为我们国家的公民精神。公民精神与共产党员的理想信念可以有很多共同点，也可以有所区别。因为雷锋精神有普世价值，可以被全民族的公民接受和内化，可以用来统一公民的道德规范，可以激励所有公民去自强自勉，可以作为约束公民的一言一行的行为规范。如果有了这样一种公民精神，我们的公民在自己的日常生活中，就有了评价标准，就有了自我约束力，长期坚持不懈地实行这种公民精神，公民的素质就会有一个大的提高。我们在国际上的声望就会进一步提高，在对外交往中，国人形象就会更加光彩照人，每个中国人都会用自己的言行为国争光。

准公务员说："从对外文化交往来说，也应以一种既继承中国优秀文化传统，又有崭新时代特色的雷锋精神传播于世，以此增加民族的文化自信心。"

对传统文化，要如毛泽东所说，不能再坚持不加区分地全盘传承给年轻一代，传播到海外。例如影响中国较长时间，特别是封建统治者极度赏识的儒家学说中的糟粕，必须剔除。君权至上、君权神授、男尊女卑、上智下愚等有利于延续封建统治制度、阻碍社会进步的观念，必须彻底否定。故步自封的传统文化使中国从先进变为落后，并延续了千年，危害极大。

在中国文化走向世界的过程中，到目前为止，为世界提供的仅仅是武术、杂技、舞狮、方块字、唐瓷等等，传播也是局限于表层化，没有涉及中国文化价值的内涵。很多外国人说，中国的易经、诗词、风水，很好看，很热闹。而儒家学说当中占统治地位、为封建执政者所赞赏的君权神授、君权至上、三纲五常、男尊女卑等反动或愚昧理念，不加剔除，就传到国外，在现代社会，理所当然地被各国耻笑。

在境外文化传播模式上存在的思路、品种和手法上的"三个单一"问题，映射的是国内思想文化领域对文化之"只有文没有化"，反映了"吸取其精华、剔除其糟粕"的思想没有被广泛接受。让学生不加选择地背诵三字经、千字文就是一例。

美国除输出可口可乐、汉堡和鲍鱼外，更重要的是通过好莱坞和CHN，控制世界媒体，掌控世界话语权，向我们渗透的是美国核心价值观。对此，我们如仍然无所作为，则只能任其诱惑、欺骗中国人，让青年人被其符号吸引，使中国人选其为旅游地；被其价值吸引，动心直至移民。要使世界各国了解中华文明的真谛，就应把雷锋精神这一集中华民族核心价值理念的、具有中国特色感染力、又具大众化特色的价值观代言者介绍给世界，让各国爱好和平、讲求和谐的人民知道中国有的是雷锋，雷锋是中国人精神的代表！

正因为如此，我们有必要反思一下。在对道德建设实践的反思中，近14亿人脑海中都会浮现出一个熟悉的名字——雷锋。他离开我们五十年后，2010年在“新中国100位感动中国人物”评选中，高票当选。雷锋已超越了肉身个体，成为一个集体符号，体现了中国人民的核心价值观，也就是中国文化的精神实质。

展现在世界面前的中国文化，在思想道德和人格、价值、精神方面，应是雷锋这样的光辉形象，他可为中国争光，他可成为外国人了解中国的形象大使。

雷锋是无产阶级战士，然而，他穿上运动服和跑鞋，可以成为运动健将；披上白大褂戴上听诊器，可以成为好医生……雷锋可以是任何人，任何人也都能成为雷锋式的人物。有了雷锋文化，人们随时可以成为用心服务的志愿者，奔赴灾区的热心人……

“前一段时间各地在进行幸福指数调查，结果很有意思，老百姓幸福感高一些的城市，并不是全国收入最高的地方。”中年人说。

“是啊，经济发展，可以提高人们生活水平；然而道德缺失，收入提高了仍没有幸福感。有了雷锋精神，交通和生产可少一些事故，医院可少一些伤员和病人，监狱少一些犯人，邻里会更和睦，人民会更幸福而有尊严。这才是老百姓最大的福利。”老干部说。

歌德曾说过：“伟大并不是用财富和权力来确定的，而是用道德上的信念来确定的，伟大就是献身于自由。”

中国的希望寄托在年轻一代人身上；党风政风的清正，寄托在年轻一代公务员身上。反对腐败、建设廉洁政治，是党一贯坚持的鲜明的政治立场，是人民关注的重大政治问题。党的十八大报告提出了“干部清正、政府清廉、政治清明”的目标，明确了具体思路和举措，表明了我们党下大气力解决自身问题，同腐败现象作坚决斗争的决心和意志。作为誓为国家和人民大众服务的年轻人，作为经公开选拔进入公务员队伍的新一代党员干部，应该知道自己身上的责任和使命。你们既要继承前辈的好思想、好品德、好作风，又要看到目前的风气并不是那么理想，并不是只继承就行了。从这个角度来讲，你们肩上还有一个创新和创业的使命，要改掉那些老百姓不满意的作风和风气，不是光靠一次“走转改”活动就能完成的，还要做大量的工作，还要“走”很长的艰苦的路，还要“转”变根本的服务方向和工作归宿，还要彻底“改”变目前的工作态度和工作方式。这个“走转改”还很长，甚至还要付出很多代价，可能还有反复，还有失败，但最后一定是胜利。只要你心中有一颗爱国爱人民的心，只要你从开始就有心中的定力。只要你心中还装着你们学过的那些榜样的形象，记得那一句句当时觉得要牢记一辈子、照样去走人生之路的座右铭。当你在困惑之时，重温一下雷锋的话、方志敏的话、毛泽东的话，就又会鼓起勇气，又会找回方向！

雷锋理应成为我们中华民族的形象大使，理应成为全国青年崇尚的偶像，理应成为中华民族的精神领袖！有人会问，雷锋精神的地位是什么？雷锋精神的核心价值是什么？那就听听领袖的说法吧！胡锦涛同志对学雷锋有一段非常精彩的讲话：

“一个只有22年短暂生命的普通共产党员，能够赢得亿万人民如此崇高和长久的敬意；一个普通的战士所表现的高贵品质，能够激励几代人的健康成长；一个群众性的活动，能够在几十年历史进程中延续不断，影响一个时代的社会风尚，这表明雷锋对于我们民族和社会过去具有、现在仍然具有重大价值和时代意义。”①

2010年8月1日，胡锦涛同志对鞍钢郭明义学雷锋先进事迹作出批示：郭明义同志是助人为乐的道德模范，是新时期学习实践雷锋精神的优秀代表。要大力宣传和弘扬郭明义同志的先进事迹和崇高品德，为构建社会主义和谐社会提供强大精神力量。

党的十七届六中全会要求深入开展学雷锋活动，采取措施推动学习活动常态化。

---

① 1993年3月4日，胡锦涛在纪念毛泽东等老一辈无产阶级革命家为雷锋同志题词发表30周年大会上的讲话。

2012年3月12日，在十一届全国人大五次会议解放军代表团会议上全体代表强调，要坚持以人为本，把培育当代革命军人核心价值观融入文化建设全过程，深入开展新形势下的学雷锋行动，着力提高官兵思想道德和科学文化素质。

共和国的领袖们一次又一次地在全国人民和全军官兵面前树起一面永不褪色、永放光芒的旗帜。

党的十八大报告要求全党深入开展学习雷锋、学习楷模活动。可见，雷锋精神对我们这个国家和我们这个民族，实在是太重要了。十八大报告鲜明地提出培育社会主义核心价值观，强调“三个倡导”：倡导富强、民主、文明、和谐，倡导自由、平等、公正、法治，倡导爱国、敬业、诚信、友善。这“三个倡导”，融会贯通了国家、社会和个人三个层面在精神和道德的要求，反映了社会主义核心价值体系的核心内容，对我们提倡什么、弘扬什么、追求什么给予了清晰的回答，是培育社会主义核心价值体系的基本遵循，是全面提高公民素质的指路明灯。

坚定信仰，传承希望

现在很多的人都要扪心自问：“我们自己有信仰吗？对信仰的追求是否被物质生活所埋没？”

对生活的不满、抱怨，源于我们内心的空虚。也许雷锋心里永远是满的，永远装着为人民服务的信念，所以才能干活不怕苦、学习不怕累，永远有使不完的动力。如果雷锋活在当下，如果他的信仰永不泯灭，他依旧还会是人们学习的榜样。

人们对雷锋精神的执着源于坚定的自觉性。他们认定了学雷锋是新时期精神文明建设中的最佳选择，没有其他方式可与之相比。他们对雷锋精神的理解比别人要深一层，对传承雷锋精神的劲头也比别人要强了一层。

每个人在今后的人生旅途中，可以把雷锋当成自己的偶像。

在自己的公务活动中，应把雷锋精神当作座右铭。

在自己领导干部的岗位上应更执着地传承雷锋精神。而这种执着应源于这些单位学雷锋的自觉性。自己应始终把学雷锋作为党的建设、社会风气建设、队伍建设和人才培养的重要内容和工作方式。采取措施，建立制度长期抓，形成机制深入引。

执着源于人民群众的期盼和时代的要求。自己应从当前社会上出现的道德缺失问题中深感我们的时代太需要雷锋了，我们的人民太想念雷锋了！

一个没有英雄的民族是可悲的民族，这个民族的历史是苍白的；一个有了英雄而不珍惜英雄的民族是更可悲的民族。呵护雷锋，珍视雷锋精神，中华民族将是有希望的民族，中华民族的历史将是一部更加绚丽多彩的历史。

尾　声

此段旅程确实漫长，列车还在前进着。时停时开，火车上的旅客也换了一波又一波。人们在此短暂的相识，又在到站时，匆匆奔向不同的目的地。而这间车厢内的四个人，他们的交谈还在继续，来往的人流和窗外变换的风景，都没能分散他们的注意力。他们时而激烈讨论，时而释怀而笑，又时而停下各自思考。三十多个小时并没有预想的那么漫长。

对于年轻人来说，这两天的漫谈，就像上了一节思想政治课。以前，他从没有如此深刻地思考过雷锋这个22岁青年的人生，更不用说将领导干部的价值观与雷锋精神联系在一起。他庆幸搭乘了这趟列车，听了这样一席话，无论将来自己处在什么职位，都不会忘记这次旅途中学到的，不会忘记今后时刻要用雷锋精神警醒自己。

对于那位教师来说也是如此。他意识到只宣传雷锋做好事、助人为乐，并不能学到雷锋精神的精髓。作为一名人民教师他深感自己的责任重大。

而对于老干部和中年人来说，他们更多的是欣慰，通过跟陌生的年轻人的交流，看到雷锋精神并没有被歪曲，雷锋并没有被遗忘，现在的年轻人仍然在崇拜雷锋。这就是希望。尤其是中年干部，他感到在自己在任期间，除了要做到洁身自好以外，更要关注年青一代的成长，让光荣传统永远保留，让正能量不断地传递下去。

当火车抵达终点站北京站时，他们互致道别，从此消失在茫茫的人海中。但因为有了这次旅程，有了这次谈话，他们各自的内心中关于雷锋、关于做人、关于做事的一点点疑惑得到了化解，而收获将像一粒种子一样，埋在他们心中，日后或将成长为一棵大树，从此影响他们今后的人生道路。

参考书目

1. 麦小舟编著：《再生的老子》，广东高等教育出版社 2009 年版。

2. 吴红梅著：《像雷锋那样》，新星出版社 2012 年版。

3. 刘高平著：《一个小兵与一个大国》，红旗出版社 2012 年版。

4. 田永清著：《和领导干部漫谈做人做事做官》，华艺出版社 2011 年版。

5. 陈广生著：《雷锋的故事》，解放军文艺出版社 2003 年版。

6. 徐中远著：《毛泽东晚年读书纪实》，中央文献出版社 2012 年版。